D1665402

COLLECTION
ROLF HEYNE

WOLFRAM SIEBECK

DIE SCHÖNSTEN UND BESTEN BISTROS VON PARIS

-2-

Mit über 70 Rezepten
und 170 Photos von Leonhard Stark

WILHELM HEYNE VERLAG MÜNCHEN

Meinem Magen

in Dankbarkeit gewidmet

Copyright © 1990 by Wilhelm Heyne Verlag

GmbH & Co. KG, München

Schutzumschlag und graphische Gestaltung:

Norbert Härtl

Herstellung: Paul Fugmann

Satz: Partner Satz Repro GmbH, Ingolstadt

Repro: RMO Druck, München

Druck und Bindung: Appl, Wemding

Printed in Germany

ISBN 3-453-04361-8

INHALT

DIE BISTROS

VORWORT

Bistros sind so pariserisch wie die Bouquinisten, wie die Grands Boulevards. In manchen Bistros liegen sogar rotweiß karierte Tischdecken auf, wie in den Bistro-Imitationen in München, London und New York. In Paris sind es jedoch ganz normale Kleinrestaurants, Familienbetriebe mit einer treuen Stammkundschaft. Das ist die Besonderheit der Bistros, das Familiäre, nicht die Dekoration; die legere Intimität kennzeichnet sie und nicht der relativ niedrige Preis. Es gibt billigere Lokale, und bessere allemal. Ausgepichte Gourmets oder Touristen mit schmalem Budget fühlen sich woanders wahrscheinlich wohler. Aber wer zum Essen auch noch eine Atmosphäre erwartet, die im besten Sinne human genannt werden kann, wer auf eine unkomplizierte und ehrenhafte Weise satt werden will in einer Umgebung, die Sinne und Herz gleichermaßen glücklich macht, der wird sich im Bistro wohl fühlen.

Bistros haben viele gemeinsame Erkennungszeichen. Die schönsten stammen aus der Zeit der Jahrhundertwende: Belle-Époque-Dekoration oder Jugendstilornamente, die oft allein einen Besuch wert sind. Solche Bistros sind wie kleine Museen und ein Anziehungspunkt für Touristen aus aller Welt. *Benoît, Chez Pauline, Dumonet, Allard, Chardenoux, Lipp, Aux Lyonnais* und viele andere gehören dazu. Ich habe sie im ersten Band meiner Bistro-Sammlung beschrieben.

In Bistros sitzt man eng, oft Ellbogen an Ellbogen, auf rot-
gepolsterten Bänken an der Wand entlang. Fast immer
sind die Wände mit Spiegeln bedeckt. Die Speisekarte ist
handgeschrieben, die Küche beruht überall auf den gleichen Rezepten: Hausmannskost. Aber *wie* die Makrelen
mariniert sind, *wie* zart oder zäh der Kalbskopf ist, ob die
Andouillette (Kaldaunenwurst) duftet oder stinkt, die
Linsen eine delikate Vinaigrette haben oder nicht, das ist
von Bistro zu Bistro verschieden, da entscheiden – wie in
jedem Restaurant – das Talent und der Ehrgeiz desjeni-
gen, der in der Küche das Sagen hat. Das ist meistens der
Patron. Madame kümmert sich um die Gäste oder sitzt an
der Kasse. Die Kellner sind flink, selten rüde. Oft sind sie
mit Eigenschaften ausgestattet, die man im Gastgewerbe
kaum noch kennt: witzig, aufmerksam, teilnahmsvoll
und von unerschütterlicher Gutwilligkeit.

Was die Hausmannskost angeht, so herrschen in den
Pariser Bistros zwei Regionalküchen vor, die aus dem
Raum Lyon und die südwestfranzösische. Deshalb stehen so oft der Salat mit Entenmägen auf der Karte, das
Cassoulet (Bohneneintopf mit Ente und Wurst), die eingemachten Entenkeulen, ebenfalls aus der Küche des
Südwestens; aus dem Lyonnais die Kochwurst mit Pista-
zien auf warmen Linsen, das *Blanquette de Veau*
(gekochtes Kalbsragout), die Schnecken in Kräuterbutter und Knoblauch, die überbackenen Kutteln *(Tablier
de sapeur)* oder Kutteln normannisch *(Tripes à la
mode de Caen)*, das pochierte Ei in einer säuerlichen
Rotweinsauce *(Œuf en meurette)*.

Die Preise reichen von 160 bis 300 Francs pro Person (drei Gänge einschließlich einer halben Flasche Wein). Die nachfolgend aufgeführten Bistros sind wenig bekannt. Ich will nicht das Wort Geheimtip strapazieren, zumal man ohne telefonische Vorbestellung nur selten einen Tisch bekommt. Manche sehen aus wie kleine, feine Restaurants, andere sind ziemlich primitive Schuppen. Doch sie alle vereint der Geist der Hausmannskost, alle bieten sie dem Gast das bißchen mehr an Atmosphäre, das ihn immer wiederkommen läßt. Die Tagesspezialität Pariser Bistros heißt: Menschlichkeit.

A la Grille Saint-Honoré.

WORAN MAN
DIE BISTROKÜCHE ERKENNT

Vorspeisen

Vorspeisen verraten am deutlichsten, ob es sich um eine
Küche mit wie auch immer gearteten Ambitionen handelt oder um ein Bistro. Da existiert ein strenger Kodex,
dem sich kein Bistro zu widersetzen wagt. Also haben sie
alle den Linsensalat mit warmer Wurst auf der Karte und
den *Hareng baltique* (saurer Hering mit Crème fraîche),
und es fehlen auch nicht die verschiedenen Lyonnaiser
Würste. Schinken, Burgunderschnecken, *Salade beau-
jolaise* (der auch anders heißen kann) mit gebratenen
Speckstückchen und gerösteten Brotwürfeln, manchmal auch mit einem weich pochierten Ei, gehören dazu
wie der Ochsenmaulsalat, der Kalbskopf in Vinaigrette
oder mit *Sauce gribiche*, die geräucherte Entenbrust auf
Salat und, nur noch selten, die traditionelle Zwiebelsuppe. Die gedünstete, kalte Lauchstange in Essig und Öl
und das hartgekochte Ei mit Majonnaise signalisieren
gleichzeitig Tradition und Niedrigpreis.

Fisch

Auf den Speisekarten der Bistros spielt Fisch eine ver-
gleichsweise kleine Rolle. Einmal gehören die meisten
Fische zu den teuersten Nahrungsmitteln, zum anderen
wissen auch bescheidene Bistroköche, daß man Fische
nicht warm halten oder gar aufwärmen kann. Und die

à-la-minute-Küche läßt sich dort, wo zwei Köche für fünfzig oder mehr Gäste kochen müssen, nur schwer realisieren. Also gibt es meistens nur am Freitag Tagesgerichte wie das Stockfischpüree *(Brandade de morue)*, das billig ist und sich im voraus zubereiten läßt. Oder der ebenfalls preiswerte Rochenflügel mit brauner Butter. Dagegen sind der geräucherte Schellfisch mit Nudeln *(Haddock aux pâtes fraîches)* und Vorspeisen wie die Heringsvariationen, vor allem aber die Makrele in Weißwein, billige Standardgerichte in allen Bistros. Rechnen wir noch eine Muschelsuppe dazu oder gratinierte Muscheln, so bedeutet der Verzicht auf Seezunge, Lachs, Steinbutt, Meerwolf und Schalentiere wie Hummer, Langostinos und Flußkrebse dennoch nicht, daß der Gast allein dem Metzger ausgeliefert sei.

Innereien und Eingemachtes

Das Hauptgewicht der Bistroküche liegt eindeutig auf diesen Dingen, die sich in Frankreich einer weitaus größeren Wertschätzung erfreuen als anderswo. Der gegrillte Schweinsfuß und die *Andouillette* sind Bistroküche par excellence; Kutteln gehören ebenso dazu wie alle anderen Teile des schweinischen Interieurs, die pur oder in Form von Würsten auf den Tisch kommen. Fast alle diese Deftigkeiten entstammen der Lyonnaiser Regionalküche, von der die Pariser Bistroküche am stärksten beeinflußt ist. Wo sich die ebenfalls charaktervolle und deftige Küche des Südwestens etabliert hat, wird das deutlich an Spezialitäten wie *Gésiers de canard* (Enten-

mägen) im Salat, *Canard confit* (in Entenfett einge-
weckte Entenkeulen), Scheiben von der Entenbrust, entweder geräuchert als Vorspeisen oder rosa gebraten als
Hauptgericht *(Magret de canard)*. Daß zwischen einer
Andouillette und einer Andouillette Unterschiede bestehen können wie zwischen einem Bressehuhn und einem
Gummiadler, werden neugierige Esser schnell gewahr.
Geschnetzelte Kalbsnieren verweisen bereits auf einen
höheren Ehrgeiz.

Gemüse

Anders als in Gourmet-Restaurants mit ihrer Kunst-
Küche sind die Gemüseportionen in den Bistros riesig –
wenn denn eine Gemüsebeilage überhaupt serviert wird.
Also nicht nur vegetabile Späne zum Zweck der Teller-
dekoration, sondern mund- und magenfüllende Men-
gen. Die Behandlung der Gemüse ist ebenfalls weit vom
Gourmet-Niveau entfernt, sie entspricht bestenfalls ein-
facher Hausmannskost. Gemüse werden gekocht, warm
gehalten und vielleicht erst Stunden später erhitzt und
aufgetischt. Deshalb sind zerkochte Wirsing- und andere
Kohlgerichte nicht ungewöhnlich, deshalb können Pilze
und Bohnen ohne Delikatesse sein. Eine sichere Wahl
sind dagegen Hülsenfrüchte: weiße Bohnen zum Lamm
oder die kleinen grünen Linsen, die sogar zum Fisch sehr
lecker sein können. Und natürlich das sahnige Kartoffelgratin *à la dauphinoise*. Im übrigen gilt in Bistros die
Devise, daß Brot das unproblematischste Gemüse sei.

Geflügel und Fleisch

Hier beschränkt man sich auf Klassisches. Geschmortes Kaninchen, gebratene Ente sowie das Suppenhuhn und das in Rotwein geschmorte Hähnchen einerseits, andererseits die überall üblichen Rindersteakvariationen, vom Filet mit Mark bis zum Rumpsteak mit Pommes frites. Manche Bistros sind für riesige Fleischstücke von erster Qualität berühmt. Kalbfleisch ist selten. Vom Lamm wird häufig ein *Gigot* (die im Ganzen gebratene Keule) angeboten, was in Frankreich ein beliebtes Sonntagsessen ist und entsprechend gern bestellt wird. Das Schwein, dessen Innereien und Extremitäten so beliebt sind, spielt als Braten keine Rolle. Alle Zubereitungen basieren auf den klassischen Rezepten; wo größere Abweichungen zu registrieren sind, handelt es sich um jene Minderheit von Bistroköchen, deren Ambitionen untypisch fürs Milieu sind.

Käse

Ganz egal auf welchem Niveau ein französisches Essen stattfindet, Käse gehört dazu. Nicht jeder Gast ißt ihn; aber vorrätig ist er überall. In Bistros wird man eher selten eine üppige Auswahl an Käse vorfinden, häufig beschränkt sich der Besitzer darauf, drei, vier ausgesuchte Sorten anzubieten, die ganz ausgezeichnet sein können – Rohmilchkäse, selbstverständlich. Wenn auf der Speisekarte ein *Fromage de tête* verzeichnet ist, so handelt es sich jedoch nicht um einen Käse, sondern um Schweinskopfsülze, wohingegen *Cervelle de canut* ein mit Zwiebeln und Kräutern angemachter Quark ist, der, wie auch die Sülze, der Lyonnaiser Küche entstammt und als Vorspeise gegessen wird.

Desserts

An Süßspeisen werden vor allem solche angeboten, die sich im voraus zubereiten lassen. Also fehlen nie die *Crème Caramel,* der auf Vanillesauce schwimmende Eierschnee *(Œuf à la neige* oder *Île flottante),* eine Bayerische Crème, *Mousse au chocolat* sowie die verschiedensten Obst- und Schokoladentorten. Viele Bistros bieten aber auch hauchdünne, frisch gebackene Apfeltorten an, die dann immer leicht und delikat sind, oder den berühmten gestürzten Apfelkuchen der Schwestern Tatin *(Tarte tatin),* der mit dicker Crème fraîche serviert wird.

Wein und Schnäpse

In einem Kleinrestaurant, dessen Preisniveau viel niedriger ist als das der Feinschmecker-Tempel, kann man gerechterweise keine großartige Weinkarte erwarten. Also ist es vor allem der Beaujolais, der sich als der typische Bistro-Wein empfiehlt. Manche Bistros haben denn auch den Ehrgeiz, Beaujolais aus Spezialabfüllungen von kleineren Winzern vorrätig zu haben, die als Begleitgetränk zu einem Bistro-Essen durchaus erfreulich sein können. Andere typische Weine sind die Côtes-du-Rhône, der Cahors, der rote Sancerre und andere Loire-Weine. Die Auswahl an Weißweinen ist allgemein geringer, da die Pariser ihren Rotwein bei allen Gelegenheiten vorziehen. Einige Bistros haben jedoch große Weine zu niedrigen Preisen auf der Karte, was auf eine önologische Neigung des Patrons schließen läßt. Ähnlich begrenzt ist die Auswahl an Schnäpsen. Nur dort, wo sie sichtbar eine Sonderstellung einnehmen (meistens Armagnac), wird man gute und rare Qualitäten entdecken.

Die Preise

Ein Bistro ist keine Imbißstube, Hausmannskost kein Konfektionsfraß. Es wäre also töricht, in einem Bistro die Billigküche schlechthin zu erwarten. Man kann in Paris viel billiger essen als in einem Bistro. Natürlich kostet dort ein Essen kein Vermögen, selbstverständlich werden die hohen Preise der Gourmet-Restaurants hier nicht verlangt. Aber mit einem Zwanzigmarkschein stillt man auch in einem Bistro weder den Hunger noch den Durst. Touristen auf dem Spartrip sollten darüber hinaus beherzigen, was der Wirt der Brasserie Lipp (siehe Band 1) auf seine Speisekarte drucken ließ: »Ein Salat ist kein Essen.«

Bewertung der Küche

★★★★ = Perfekte Zubereitungen und präzises Abschmecken der Gerichte, welche durchaus der bürgerlichen Bistroküche angehören, innerhalb dieser aber eine Spitzenleistung darstellen. Das Streben nach Verfeinerung ist unverkennbar.

★★★ = Eine schmackhafte und erfreuliche Bistroküche, die durch zusätzliche Originalität über dem Durchschnitt liegt, mit wenigen Schwächen.

★★ = Eine ordentliche Bistroküche, bei der Ungleichmäßigkeiten möglich sind und wo Phantasie nicht so wichtig genommen wird.

★ = Eine einfache Küche, wo akzeptable Standardgerichte überwiegen, aber mit mangelnder Sorgfalt gerechnet werden muß.

Bewertung des Ambientes

★★★★ = Hier sind die Dekorationen allein schon einen Besuch wert. Der Stil der Belle Époque oder der Jugendstil bilden ein möglichst komplettes Ensemble.

★★★ = Ein authentisches Ambiente aus der ersten Hälfte des Jahrhunderts mit typischen Details des Bistro-Stils.

★★ = Ein bürgerliches Dekor, teilweise modernisiert, mit hübschen Einzelheiten.

★ = Schlicht und schmucklos, vielleicht auch etwas ramponiert, aber nicht ohne Atmosphäre.

AU CHÂTELET GOURMAND

Küche	Ambiente
★ ★ ★	★ ★

13, rue de
Lavandières (1er)
Tel. 40. 26. 45. 00
Métro: Châtelet
Geschlossen:
Sonntag
und Montag,
27. Juli
bis 27. August

Girard, ein Avantgardist der Bistroküche.

Sparsam und gediegen: die Einrichtung des Châtelet Gourmand.

Der Patron – er heißt Guy Girard – stammt aus Toulouse und ist so etwas wie ein alter Avantgardist der Bistroküche. Anfang der siebziger Jahre gründete er sein erstes Kleinrestaurant mit einer für damals bemerkenswerten Küche. Das Châtelet Gourmand ist sein drittes, und ich zögere nicht, ihm für diesen dritten Versuch den ersten Preis zuzuerkennen. Denn hier, zwischen der Seine und der rue Rivoli, wo sie mehr als anderswo mit dem Broadway verglichen werden kann wegen ihrer vulgären Buntheit, der Hektik, des Lärms, der Autostaus, der Billigangebote in den Geschäften, der Farbigkeit der Bevölkerung sowie wegen der Überraschungen, die den Spaziergänger bei jedem Schritt vom Wege erwarten (sei es das ehemalige Markthallenviertel im Norden, das Marais im Osten und die beiden Seineinseln im Süden), alles liegt für den vor Glück taumelnden Touristen nur wenige Minuten entfernt – hier also hat sich Monsieur Girard etabliert. Unüblich fürs Quartier, möchte ich sagen; denn wenn man eintritt, atmet man zunächst einmal auf. Sauber, hell (vor allem mittags wegen der großen Fenster) und mit ange-

nehmen Platzverhältnissen, die die rationelle Sitzord-
nung der Bistros jedoch nicht verleugnen. Doch von der
üblichen Enge kann keine Rede sein. Einige nicht stö-
rende Exponate an den Wänden; beige-dunkelrot die
Bemalung der Täfelung; Ventilatoren unter der Decke.
Alles scheint so normal und bewirkt eine heitere, lockere
Atmosphäre, in der man erwartungsvoll die Speisekarte
in die Hand nimmt. Die liest sich nicht leicht, weil sie auf
der Basis von vier Menüs zu 130, 160, 180 und 250 Francs
aufgebaut ist, die man sich selbst zusammenstellen muß.
À la carte kann man nicht essen. Aber welche Überraschungen entdeckt man hier! Von defti-
ger Hausmannskost ist wenig zu mer-
ken. Sogar eine Blutwurst mit Äpfeln
wird in Form einer Terrine serviert
(herrlich!), und das Schneckenragout
ist ebenfalls anders, als man es von
der Schneckenpiste Burgund-Paris ge-
wohnt ist. Im Winter viel Reh, oder
erstklassige *Petoncle*, eine Art küm-
merlicher Jakobsmuscheln, die jedoch
sehr delikat sind. Auch die Hauptgerichte haben nur eine entfernte Ähn-

lichkeit mit den Eintöpfen der dilettierenden Mütter. Vorzüglich fand ich gekochte und schön gewürzte Teile vom
Kaninchen (die hier merkwürdigerweise *Bouillabaisse
de Lapereau* genannt werden), mariniertes Rindfleisch
am Spieß und, was mich besonders beeindruckt hat, ein
Rührei mit vielen kleinen Stücken warmen Räucheraals.

*Angenehmes Licht
und viel Platz schaf-
fen eine erwartungs-
volle Atmosphäre.*

Auch die Desserts fallen durch ihre zwar nicht raffinierte aber alles andere als biedere Zubereitung aus dem Rahmen. Die Gebrannte Crème oder die Birne mit der Bittermandelsauce sind ebenso delikat, wie die gesamte Küche des kleinen Patrons mit den weißen Haaren eines gewissen Pfiffs nicht entbehrt. Anständige Weinkarte. Zum Aperitif gibt es außer Brot etwas *Rillette*, zum Kaffee eine Praline.

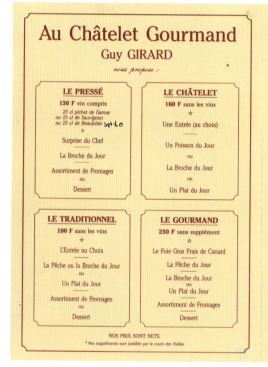

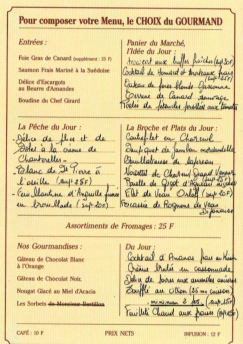

CHEZ LA VIEILLE

Küche	Ambiente
★	★ ★

37, rue de
L'Arbre sec (1er)
Tel. 42.60.15.78
Métro: Pont Neuf
oder Louvre
Nur Mittagessen
Geschlossen:
Samstag und
Sonntag,
August

*Madame Biasin
kocht nach
Hausfrauenart.*

Wo der Pont Neuf ans rechte Ufer stößt und die rue Rivoli sich noch nicht mit Arkaden schmückt, also dort, wo das erste Arrondissement noch bunt und gemischt aussieht, als wären die alten Markthallen der Nachbarschaft noch existent, befindet sich eine der renommiertesten Bistro-Adressen von Paris, das Kleinrestaurant der Adrienne Biasin. Sie hat es Chez la Vieille genannt, obwohl sie damals gar nicht so alt war. Ihr geht der Ruf voraus, eine – wenn nicht die einzige – authentische Hausfrauenküche in Paris zu kochen. Wer bei ihr essen will (das Lokal ist, obwohl auf zwei Etagen verteilt, winzig; aber einige Tische sind rund, und man sitzt ganz angenehm hinter den Tüllgardinen), muß mehr tun, als nur anrufen und einen Tisch bestellen. Mit welcher Überredungskunst er es fertigbringt, daß er gnädig zugelassen wird, dafür weiß ich kein sicheres Rezept. Vorbeigehen, sich vorstellen und für den nächsten Mittag einen Tisch reservieren, scheint mir die beste Methode. Es sei denn, man ist mit einem Star des Showbiz befreundet oder mit sonst einer Person von Bedeutung. Ich will damit sagen: Bei Madame Biasin zu essen, hat einen mindestens so großen Snob Appeal wie ein Logenplatz in der Oper.

*Traditionelle Küche,
aber gesalzene Preise.*

Die Bedienung (außer Madame in der Küche kümmern sich zwei scheue Damen um die Gäste) zählt dem Gast auf, welche Hauptgerichte es heute gibt. (Die gleichen wie gestern.) Dabei handelt es sich ausschließlich um Fleischgerichte, und zwar simple Sachen wie eine gekochte Ochsenbrust mit Karotten, eine Entenbrust mit Bratensaft, ein Rumpsteak oder ein Stück aus der Lamm-

keule. Alles ohne Gemüse und mit kunstlosen Saucen. Dazu werden Bratkartoffeln gereicht und, wenn es angebracht ist, ein Topf Senf. Die Portionen sind enorm, ich schätze die Fleischstücke auf 300 bis 400 Gramm pro Portion, was schon zuviel wäre, wenn man die Vorspeisen nicht gegessen hätte. Diese werden ohne Vorwarnung aufgetragen und bestehen wiederum vor allem aus Fleisch: Schinken, geräucherte Entenbrust, mit Fleisch gefüllte Tomaten, kräftige Geflügelleberterrine, schönes *Rillette*, Linsen mit Wurst, aber auch Rote Bete und Sellerie mit Remoulade. Der Nachtisch ist kaum weniger deftig-bieder: Schokoladenmousse, *Œuf à la neige*, Apfeltorte. Nichts davon ist wirklich mißlungen, es sei denn, man kreidet der Mousse an, daß sie schon drei Tage alt ist

Trotz biederer Küche gehört das Chez la Vieille zu den renommiertesten Bistros von Paris.

und sich aufzulösen beginnt, oder daß auch von den Schnee-Eiern nur ein übriggebliebener Rest auf den Tisch kommt. Gewürzt wird hier, von den Terrinen bis zum Dessert, auf eine akzeptable und völlig anspruchslose Weise. Und da setzen meine Fragen ein: Muß eine traditionelle Küche tatsächlich auf jede Fantasie verzichten? Wäre es nicht besser, einem Stück Fleisch oder dem dazugehörigen Bratensaft einen Hauch von geschmacklicher Verfeinerung mitzugeben? In keiner Stadt kann man so viele und so frische Kräuter und Gewürze kaufen wie in Paris. Über die Schwelle des Hauses Nummer 37 in dieser Straße ist jedoch nichts davon gelangt: ein Hort des kulinarischen Konservatismus. Schöner Beaujolais, grausamer Kaffee, saftige Rechnung.

Die Desserts im Chez la Vieille sind nichts für kalorienbewußte Feinschmecker.

REZEPTE AUS DEM CHEZ LA VIEILLE

Bœuf aux carottes

Rindfleisch mit Karotten

FÜR 6 PERSONEN

1,8 kg mageres

Schulterstück

vom Rind

1 Ochsenschwanz

1 Kalbsfuß

1 Stück Kalbs-

hinterhaxe

2,5 kg Karotten

4 Lauchstangen

2 mittelgroße

Zwiebeln

1 Bouquet garni

½ l trockener

Weißwein

Salz, Pfeffer

Einen möglichst breiten Topf wählen, damit die Fleischstücke nebeneinander Platz haben. Den Topfboden leicht einfetten und das Schulterstück mit der Schwarte nach unten bei mittlerer Hitze braten. Das Fleisch wenden, wenn es auf dieser Seite goldbraun angebraten ist. Die andere Seite auch einige Minuten anbraten, dann den der Länge nach halbierten Kalbsfuß, die Hinterhaxe und den in Scheiben geschnittenen Ochsenschwanz dazugeben. Ungefähr 10 Minuten bei geringer Hitze Farbe nehmen lassen, dabei die Fleischstücke wenden. Das Fleisch aus dem Topf nehmen und das Bratenfett abgießen. Das Fleisch wieder in den Topf zurückgeben. Die geschälten und geviertelten Zwiebeln, den gewaschenen und in kleine Stücke geschnittenen Lauch (auch das zarte Grün verwenden, das gibt der Sauce den feinen Geschmack) und das Bouquet garni dazugeben. Salzen, pfeffern und mit Wasser und Weißwein aufgießen, bis alle Zutaten gut bedeckt sind (Sie können durchaus einfachen, trockenen Tafelwein oder auch nur Wasser verwenden). Zugedeckt bei geringer Hitze 2 Stunden kochen.

Die geschabten und in Scheiben geschnittenen Karotten dazugeben und nochmals 1 Stunde kochen. Mit Salz und Pfeffer abschmecken.

Das Fleisch auf eine vorgewärmte Platte geben, mit Aluminiumfolie abdecken und 5 Minuten ruhen lassen. Das sehr weiche Fleisch, das man fast mit einem Löffel essen könnte, läßt sich dann leichter schneiden.

Das Rindfleisch in Scheiben schneiden und mit Stücken des Ochsenschwanzes und des Kalbsfußes umgeben. Fleisch in ebenso viele Stücke schneiden, wie Sie Gäste haben. Das Bouquet garni aus der Sauce entfernen und die Sauce über das Fleisch gießen, dazu im Dampf gegarte Kartoffeln reichen.

Weinempfehlung: Chiroubles, Brouilly de Joseph Drouhin.

Navarin d'agneau printanier
Frühlingseintopf mit Lamm

FÜR 6 PERSONEN

1,5 kg Lammschulter (oder Halsstück)

1 Stück Kalbshinterhaxe

1 Thymianzweig

1 Lorbeerblatt

1 Selleriestange

2 Knoblauchzehen

1 EL Öl

8 Karotten

8 kleine weiße Rüben

5 kleine Zwiebeln

3 Schalotten

4 Lauchstangen (nur das Weiße verwenden)

2 schöne, mehligkochende Kartoffeln

1 Tomate

Salz, Pfeffer

Das Öl in einem großen Topf erhitzen. Das Lammfleisch in 100–125 g große Stücke schneiden, das Fett entfernen. Fleisch und Hinterhaxe bei mittlerer Hitze 15 Minuten braten, von Zeit zu Zeit umrühren.

In der Zwischenzeit das Gemüse vorbereiten: die Lauchstangen putzen und zusammenbinden; die Karotten schaben und in dicke runde Scheiben schneiden; die weißen Rüben schälen, ein Stück der Stengel daranlassen; die kleinen Zwiebeln und die Schalotten schälen. Die Kartoffeln schälen und vierteln.

Das Fleisch aus dem Topf nehmen, das Fett abgießen und das Fleisch in den Topf zurückgeben. Die Zwiebeln, die mit einem Messer kleingehackten Knoblauchzehen, das übrige Gemüse, Lorbeer und Thymian hinzufügen.

Umrühren und ½ l lauwarmes Wasser angießen, salzen und pfeffern, zudecken und 45 Minuten bei schwacher Hitze kochen. Wenn Sie lieber im Ofen garen, müssen Sie 1 Stunde rechnen (Mittelhitze).

Die Kartoffeln herausnehmen, mit einer Gabel in einem tiefen Teller zerdrücken und Bratensud dazugeben. Gut vermischen, in den Topf zurückgeben und unterrühren. (Diese Kartoffeln sind ein wesentlich feineres Bindemittel als Mehl.)

Eine tiefe Platte vorwärmen, Fleisch und Gemüse darauf anrichten (Knochen, Selleriestange, Lorbeer und Thymian zuvor entfernen) und mit Sauce begießen. Sehr heiß in vorgewärmten Tellern servieren.

Weinempfehlung: Chablis Premier Cru de Laroche.

Mousse

Schokoladenschaum

FÜR 6 PERSONEN

250 g Schokolade

7 Eier

125 g Zucker

200 g Butter

1 Msp Salz

Die Schokolade in kleine Stücke brechen.

Die 7 Eigelbe in eine Schüssel geben. Den Zucker dazugeben. Die Schokolade im Wasserbad zum Schmelzen aufsetzen. Die Eigelbe ungefähr 4 Minuten schlagen, bis sie schön schaumig sind. Wenn die Schokolade geschmolzen ist, die weiche Butter dazugeben und im Wasserbad gut verrühren. Vom Herd nehmen und einige Minuten abkühlen lassen. Dann die Schokoladencreme unter die geschlagenen Eigelbe rühren.

Die Eiweiße mit etwas Salz steif schlagen, dann vorsichtig unter die Schokoladenmasse heben.

Gâteau froid au chocolat

Kalter Schokoladekuchen

FÜR 6 PERSONEN

300 g Bitter-
schokolade

2 ungespritzte
Orangen

4 Blätter Gelatine

300 g Butter

6 Eier

2 EL Mandel-
blättchen

1 Msp Salz

Die Schale der Orangen dünn abreiben, den Saft auspressen. Die Gelatineblätter in etwas kaltem Wasser einweichen. Die Schokolade in Stücke brechen und im Wasserbad schmelzen. Den Orangensaft dazugeben und mit einem Holzkochlöffel gut unterrühren. Die Gelatine gut ausdrücken und zur Schokolade geben, ebenso die weiche Butter. Zum Schluß die geriebene Orangenschale hinzufügen. Gut weiterrühren, den Herd abschalten, den Topf jedoch im Wasserbad stehenlassen.

In der Zwischenzeit die Eier aufschlagen und trennen. Die Eigelbe schaumig schlagen. Die Schokoladenmasse unterrühren.

Die Eiweiße mit etwas Salz steif schlagen, vorsichtig unter die Schokoladenmasse heben.

Den Boden einer Kuchenform (rechteckig oder rund) mit 1 EL Mandelblättchen bestreuen und die Masse einfüllen. Die restlichen Mandelblättchen darüber verteilen. Für 24 Stunden in den Kühlschrank stellen.

Mit englischer Creme servieren.

Tarte tiède aux abricots et aux pommes
Lauwarmer Aprikosen-Apfel-Kuchen

FÜR 6 PERSONEN

6 Äpfel

10 getrocknete

Aprikosen

30 g Butter

50 g Zucker

300 g Blätterteig

1 Ei

3 EL gemahlene

Mandeln

2 EL Crème fraîche

1 EL Calvados

Die Aprikosen einige Stunden in kaltem Wasser einweichen (am besten schon am Vorabend).

Die Äpfel schälen, 4 Äpfel in große Würfel schneiden.

Die Butter zerlassen und die Äpfel darin 5 Minuten dünsten. Die abgetropften Aprikosen dazugeben, mit Zucker bestäuben und weitere 2 Minuten kochen. Abkühlen lassen.

In der Zwischenzeit den Blätterteig auf einem leicht bemehlten Tisch ausrollen. Eine eingefettete Kuchenform damit auslegen. Das Apfel-Aprikosen-Kompott einfüllen, die restlichen 2 Äpfel in dicke Scheiben schneiden und auf dem Kuchen verteilen. In den vorgeheizten Ofen stellen und 40 Minuten bei kräftiger Mittelhitze backen. Von Zeit zu Zeit nachsehen.

Falls die Oberfläche zu schnell bräunt, mit Alufolie abdecken.

In der Zwischenzeit 1 Eiweiß steif schlagen. In einer anderen Schüssel die gemahlenen Mandeln, den Calvados, die Crème fraîche und das Eigelb verrühren. Den Eischnee unterziehen und diese Mischung auf dem Kuchen verteilen. 2 bis 3 Minuten unter den Grill schieben. Lauwarm servieren.

A LA GRILLE SAINT-HONORÉ

Küche	Ambiente
★★★★	★★

15, place du
Marché Saint-
Honoré (1er)
Tel. 42.61.00.93
Métro: Louvre
Geschlossen:
Sonntag und
Montag,
4. bis 28. August,
24. Dezember bis
8. Januar

Madame und Monsieur Jean Speyer sind für mich Wirtsleute, wie sie sein müssen, wenn ein Bistro ein Erfolg sein soll. Unbeirrbar freundlich und aufmerksam wie ein Wachhund kümmert sie sich um das Geschehen an den Tischen; er, den man von einem der kleinen Eßzimmer durch ein Fenster bei der Arbeit beobachten kann, werkelt in der Küche mit der Gelassenheit eines Weltmeisters. Jedesmal, wenn er eine Sauce abschmeckt (er macht es wirklich jedesmal!), möchte ich ihm die Hand schütteln. Daß es das noch gibt: ein Küchenchef, der abschmeckt! So ist denn auch das, was er seinen Gästen vorsetzt, eine wunderbare, gleichmäßig gute und souveräne Bistroküche der obersten Kategorie. Liebhaber der Lyonnaiser Deftigkeiten kommen bei ihm nicht auf ihre Kosten. Statt Linsensalat mit Kochwurst setzt er einen Langustensalat mit Pfifferlingen auf die Karte; eine Kürbissuppe mit Muscheln kann man hier essen, eine lockere Mousse vom geräucherten Schellfisch und ähnliche Vorspeisen, die zwar nicht vollständig der Großen Küche zugerechnet werden können, aber auch keineswegs der erzbürgerlichen Bistroküche entstammen. Vor allem die Saucen des Abschmeckers sind es, die jedes Gericht in eine Köstlichkeit verwandeln, Saucen, wie ich

sie liebe: entschieden gewürzt, eindeutig im Geschmack, ein wenig durstfördernd und trotzdem leicht.

Wo, wenn nicht in diesem Bistro, finde ich ein delikates Filet vom Wolfsbarsch in einer so herzhaften Senfsauce? Wer beglückt mich mit einer so modernen Version eines Ragouts aus Kalbsleber, Kalbsnieren und Kalbsbries, dem der Patron einige Kutteln und feine Pilze untermischt? Um das Glück voll zu machen, entsprechen auch die Desserts diesem hohen Standard. Die geeiste Merinke mit den Rosinen und der Rumsauce muß man einfach probiert haben! Bei so viel kulinarischem Glück ist es selbst-

Phantasievolle Gerichte in lebendiger Atmosphäre.

verständlich, daß die Preise ein wenig über denen der Blutwurstbratereien liegen. Serviert wird in zwei kleinen Räumen zu ebener Erde, vor deren Fenster die Autos der benachbarten Polizei parken, und oben, wo man auch an runden Tischen sitzen kann. Die Umgebung gehört zur lebendigsten von Paris. Die rue Saint-Honoré mit ihrer bunten Mischung aus Luxus und Krimskrams führt direkt am Marché vorbei; der Louvre, das Ritz und andere große Hotels sind in der Nähe; aber auch zum vulgären Forum des Halles ist es nur ein Katzensprung.

Monsieur Speyer werkelt in der Küche mit der Gelassenheit eines Weltmeisters.

REZEPTE AUS DEM
A LA GRILLE SAINT-HONORÉ

von Jean Speyer

Tourte de boudin noir aux pommes fruits

Blätterteigtorte mit Blutwurst und Äpfeln

Blätterteig

Blutwurst

Äpfel

Salz, weißer Pfeffer

Eigelb

Butter

Die Äpfel schälen und in kleine Stücke schneiden. Die Äpfel in etwas Butter dünsten. Die Blutwurst ohne die Haut dazugeben, mit einem Holzkochlöffel gut verrühren.

Den Blätterteig ausrollen, in die Mitte die zuvor abgeschmeckte Blutwurst-Apfel-Mischung geben und den Blätterteig zur Tortenform zusammenklappen.

Mit Eigelb bestreichen und bei mittlerer Hitze 20 Minuten im Ofen backen. Sofort servieren.

Filet de lapereau rôti aux champignons sauvages

Gebratenes Wildkaninchenfilet mit Waldpilzen

1 Kaninchenrücken

1 Kaninchenleber

Thymianblüten

1 Schweinenetz

heller Fond

Waldpilze

Schalotten

Petersilie

Salz, Pfeffer

Butter

Die Knochen vom Kaninchenrücken entfernen, das Filet flach hinlegen. Die Leber salzen und pfeffern, mit einer Messerspitze Thymianblüten bestreuen. Die Leber auf das Filet legen und das Filet aufrollen. Mit dem Schweinenetz umwickeln und zusammenbinden.

In einer Bratpfanne etwas Öl erhitzen und das Kaninchenfilet von allen Seiten anbraten. Den Bratenfond abgießen. Ein Stückchen Butter in die Pfanne geben, mit etwas hellem Fond aufgießen. Das Wildkaninchen bei mittlerer Hitze 15 Minuten schmoren lassen, dann das Fleisch aus der Sauce nehmen und warm stellen.

Den Bratenfond mit Salz und Pfeffer abschmecken, bei großer Hitze um zwei Drittel einkochen. Ein großes Stück Butter dazugeben und nochmals reduzieren lassen, bis eine sämige Sauce entsteht.

Die Waldpilze mit Schalotten, Petersilie, Salz und Pfeffer in etwas Butter schwenken, auf einem Teller anrichten. Das Wildkaninchenfilet daraufgeben und mit der Sauce übergießen.

Millefeuille de crêpe aux figues et fraises

Blätterteig-Crêpe mit Feigen und Erdbeeren

Crêpeteig	Schöne Feigen schälen und in einen Topf geben. Mit einem Stückchen Butter und etwas Zucker einige Minuten erhitzen. Abkühlen lassen.
Feigen	
Erdbeeren	
Zucker	Die Erdbeeren zerdrücken, nicht erhitzen.
Butter	Aus dem Teig Crêpes mit 10 cm Durchmesser backen.
rotes Fruchtmark	Die Crêpes wie folgt aufeinanderschichten: Crêpe, Feigen-Erdbeer-Mischung, Crêpe usw. Obenauf nur Erdbeeren geben. Die Crêpe auf einem Teller anrichten und mit rotem Fruchtmark umgießen.

LOUIS XIV

Küche	Ambiente
★★	★★★

1, place des
Victoires (1er)
Tel. 40.26.20.81
Métro: Bourse
oder Palais Royal
Geschlossen:
Samstag
und Sonntag,
August

Was der Platz Charles-de-Gaulle den alten Veteranen bedeutet, das ist die Place des Victoires für die Junge Mode. Die Damen unter dreißig in den grauen und schwarzen, drei Nummern zu großen Kostümen finden hier die Boutiquen, wo sie die Objekte ihrer Begierde reihenweise kaufen können. Von Kenzo, dem berühmten Japaner, und seinen Epigonen, von Schmuckherstellern bis zu den Hutmachern ist hier alles vertreten, was die ausgetretenen Pfade der klassischen Damenmode verlassen will. Darüber hinaus ist der Platz ein Schmuckstück der Pariser Stadtarchitektur, mit dem Palais Royal um die Ecke und den Resten von dem, was einmal das Hallenviertel war, nur ein paar Schritte entfernt. Hier findet man mehr

Traditionelle Atmosphäre inmitten der Avantgarde: Louis XIV.

alte Bistros als sonstwo; das Louis XIV zählt zu den Klassikern unter den Kleinrestaurants.

Gottlob hat sich wenig verändert. Da hängen wie eh und je einige Schinken und Würste an der Decke, große Blumensträuße fehlen auch im Winter nicht, am Eingang hinter dem schmalen Tresen steht der Patron – typischer geht's kaum. Die Klientel ist eleganter geworden, da macht sich die modische Nachbarschaft bemerkbar. Mittags essen hier diejenigen, die an den schicken Textilien verdienen, abends werden die Fummel von ihren Trägerinnen ausgeführt. Im Sommer wird auch auf dem Trottoir vor dem Eingang serviert, da sitzt man dann wie in einer Theaterloge. Aber auch drinnen gibt es viel zu sehen; man sitzt angenehm, wenn auch in bistroüblicher Enge. Laut ist es immer, und die Kellner haben Mühe, die über zwei Etagen verteilten achtzig Gäste zügig zu bedienen. Eine Besonderheit sind die riesigen Butterblöcke, die herumgereicht werden, wenn man danach verlangt. Die Speisekarte verrät den typischen Lyoner Einfluß. Also warme Kochwurst zum Kartoffelsalat und Heringsfilets, welche in großen Terrinen zur gefälligen Selbstbedienung auf den Tisch gestellt werden (sie sind vorzüglich). Die *Quenelles de brochet* (Hechtklößchen) sind zwei ordentliche Exemplare, Stil *bonne femme,* worunter die sparsame Hausfrau zu verstehen ist, welche die Klößchen aus 20 Prozent Hechtmus und 80 Prozent Panade zu machen pflegt. Die rosa Sauce dazu ist erfrischend säuerlich. Mag hier manches auch nach schlichter Hausmannskost aussehen, so ist doch ein angenehm sicherer Umgang mit den Aromen und Gewürzen zu registrieren. Die Saucen sind im allgemeinen leicht, die Portionen groß, und nur die hausgemachten Kuchen finde ich nichtssagend.

Auf zwei Etagen wird Hausmannskost à la Lyon serviert.

Im Louis XIV sitzt man angenehm, wenn auch in bistroüblicher Enge.

REZEPTE AUS DEM LOUIS XIV

Bœuf bourguignon au vin de Morgon

Rindfleisch in Beaujolais

FÜR 4 PERSONEN

800 g Rindfleisch
(mageres Schulter-
stück, Nuß)
Mirepoix aus
1 großen Zwiebel
und 1 Karotte, grob
gehackt

Das Rindfleisch in Stücke von ungefähr 80 g schneiden. Das Fleisch in einem großen Topf in Butter anbraten. Mit 3 EL Mehl bestäuben und das Mehl anschwitzen. Das Mirepoix dazugeben, mit Salz und Pfeffer würzen und den Rotwein angießen. Im Ofen bei Mittelhitze zugedeckt 2 Stunden kochen.

Die Champignons in Scheiben schneiden und in Butter anschwitzen. Die kleinen Zwiebeln in Butter sautieren. Den Speck in Streifen schneiden und blanchieren (in Wasser aufkochen und abtropfen lassen).

Eine halbe Stunde vor Ende der Garzeit die Rotweinsauce entfetten, Champignons, Zwiebeln und Speck dazugeben und fertig kochen.

¾ l Vin de Morgon
(Beaujolais)
Salz, Pfeffer
50 g Räucherspeck
6 Champignons
Butter
10 kleine Zwiebeln
Mehl

Andouillette mitonné au vin de Macon

In Weißwein gekochte Kaldaunenwurst

1 Kaldaunenwurst
(180 g)
Paniermehl
Butter
1 Schalotte,
feingehackt

Die Kaldaunenwurst in Paniermehl wenden, die Oberfläche mit einem scharfen Messer leicht einritzen.

In einer Kasserolle ein Stückchen Butter zerlassen, die
Kaldaunenwurst, die Schalotte und den Weißwein dazugeben. Im heißen Ofen (starke Mittelhitze) 15 Minuten
kochen.

Mit Petersilie bestreuen. Als Beilage gekochte neue
Kartoffeln reichen.

1 Glas Macon
(weißer Burgunder)
Petersilie, gehackt

Gâteau de riz crème anglaise

Reisauflauf mit englischer Creme

½ l geschälten Reis	Den Reis in der Milch kochen, bis die Milch vollständig
1 l Vollmilch	aufgesogen ist. Die Eier mit dem Zucker und der Orangen-
200 g Zucker	schale verrühren und unter den Reis mischen.
4 Eier	In eine Charlottenform füllen, die vorher nach Möglich-
Schale von	keit mit Karamel ausgegossen wurde. Im Ofen noch
½ Orange,	15 Minuten im Wasserbad fertig garen.
feingehackt	Auf einen Teller stürzen und mit englischer Creme servie-
	ren (Creme aus Eigelb, Zucker, Milch und Vanille).

PAUL

Küche	Ambiente
★	★★★

15, place Dauphine
(1er)
Tel. 43.54.21.48
Métro: Pont Neuf
Geschlossen:
Montag
und Dienstag,
August

Das Paul, auf pittoreske Art gemütlich.

Wenn es so etwas wie eine Mitte der Stadt Paris gibt, dann muß sie hier auf der place Dauphine sein. Wer hier wohnt, wie zum Beispiel Yves Montand, der hat, wenn er das Haus verläßt und die wenigen Schritte zum Pont Neuf macht, den schönsten Anblick von Paris, der sich denken läßt. Der Tabac Henri IV am Eingang zum Platz ist ein herrlicher Ort, um den Aperitif zu trinken, bevor man dann ins Paul geht. Das kann man von zwei Seiten aus, denn das kleine Bistro durchzieht das Haus Nummer 15 von der Place Dauphine bis zur Seine. Dort, im südlichen Teil des schmalen Eßraums, hat man, so man richtig sitzt, einen zusätzlichen Genuß, nämlich den Anblick des Flusses und der gegenüberliegenden Häuser.

Doch gleichgültig, wo man sitzt, man sitzt eng, noch enger als in den vielen engen Bistros. Die Stimmung wird dadurch jedoch nicht beeinträchtigt, denn einmal ist das Bistro auf eine pittoreske Art gemütlich, zum anderen sind die Preise niedrig. Die Freundlichkeit der unermüdlichen Serviererinnen könnte nicht größer sein, und der Kontakt mit den Gästen links und rechts ist unvermeidlich. Da spielt es dann nur eine geringe Rolle, wenn die Küche über ein recht braves Niveau nicht hinausgeht. Die Vorspeisen sind die bekannten Pasteten und Salate, Heringe und Sardinen, und nicht weiter erwähnenswert. Die *Quenelles de brochet* sind zwei längliche, gelbe Rollen, wie sie jeder kleine Traiteur herstellt. Eine Spezialität des Hauses, die schon Jahrzehnte auf der Karte steht, ist das in Pergamentpapier gebackene, mit einem Pilzpüree belegte Kalbsschnitzel. Unter den Desserts ist zumindest

der Eierschnee auf Vanillesauce *(Œuf à la neige)* selbst-
gemacht und ganz vorzüglich. Die Auswahl an Weinen
muß man erfragen, sie ist nicht groß. Aber wer würde
hier schon etwas anderes trinken wollen als einen Beaujolais oder einen Sancerre? Die Gäste jedenfalls – am
Sonntag mittag, wenn fast alle anderen Restaurants
geschlossen sind, auffallend gepflegt – fühlen sich sicht-
lich wohl unter der lackierten Decke, den Leitungen und
Rohren an den Wänden und anderen Details aus der Ver-
gangenheit des Hauses, welche im Paul zur richtigen
Stimmung beitragen, wie sie nur in einem originalen
Pariser Bistro aufkommen kann.

Paul und seine
Mannschaft legen
Wert auf schnelle
und freundliche
Bedienung.

REZEPTE AUS DEM PAUL

L'escalope de veau en papillote

Kalbsschnitzel in der Papierhülle

FÜR 6 PERSONEN

6 Kalbsschnitzel

80 g Butter

4 Zwiebeln

6 Schalotten

600 g Champignons

1 Zitrone

1 Glas trockener

Weißwein

1 Glas Madeira

1 dl Crème fraîche

1 TL Zimt

Salz, Pfeffer

Die Schnitzel mit Salz und Pfeffer würzen. Die Butter in einem Schmortopf zerlassen (nicht braun werden lassen) und die Schnitzel darin bei geringer Hitze goldbraun braten.

Die Zwiebeln und die Schalotten sehr fein hacken. Die Champignons waschen, putzen und im Mixer zerkleinern, mit Zitronensaft beträufeln. Die Schnitzel aus dem Schmortopf nehmen und die gehackten Zwiebeln, Schalotten und Champignons in den Bratensatz geben, mit Salz, Pfeffer und Zimt würzen. 10 Minuten dünsten lassen. Weißwein und Madeira angießen und noch einmal 10 Minuten bei geringer Hitze kochen.

Jedes Schnitzel separat auf gebuttertes Backpapier legen und mit der gehackten Zwiebel-Schalotten-Champignon-Mischung bedecken. Das Papier hermetisch verschließen und für ca. 10 Minuten bei mittlerer Hitze in den Ofen geben.

In der Papierhülle servieren.

Baba

Hefenapfkuchen mit Rum

FÜR 6 PERSONEN
250 g Mehl
12 bis 15 g Hefe
1 dl Milch
4 Eier
80 g Butter
40 g Zucker
5 g Salz

Für den Sirup
175 g Würfelzucker
¼ l Wasser
1 dl Rum
1 Orange

Die Hälfte der Milch leicht erwärmen, Hefe und Salz dazugeben. Das Mehl in eine Schüssel sieben, in die Mitte eine Mulde drücken und die lauwarme Hefemilch hineingeben. Hefemilch und Mehl gut miteinander vermischen und an einem warmen Ort 20 Minuten ruhen lassen. Die Oberfläche des Teiges muß jetzt leicht rissig sein.

Die Hände mit Mehl bestäuben und die Eier nacheinander in den Teig einarbeiten. Den Teig noch weitere 5 Minuten durchkneten, dabei die restliche Milch hinzufügen. Den Teig zu einer Kugel formen und an einem warmen Ort ungefähr 1 Stunde ruhen lassen. Der Teig wird dann sein Volumen verdoppelt haben.

Die Butter bei geringer Hitze zerlassen, sie darf nicht richtig heiß werden. Butter, Zucker und etwas Salz zum Teig geben und alles gut verkneten.

Eine Napfkuchenform buttern und den Teig hineingeben. Noch einmal 1 Stunde ruhen lassen. Bei mittlerer Hitze ungefähr 50 Minuten backen. Aus dem Ofen nehmen und sofort aus der Form stürzen.

Für den Sirup die Orange auspressen. Würfelzucker und Wasser in einem Topf aufsetzen und 7 bis 8 Minuten erhitzen, dabei ständig umrühren, damit sich der Zucker gut auflöst. Vom Herd nehmen, die Hälfte des Rums und den Orangensaft dazugeben. Etwas abkühlen lassen, dann den lauwarmen Sirup über den lauwarmen Napfkuchen gießen.

Den Kuchen auf eine ofenfeste Platte setzen und mit Zucker bestäuben. Für 5 Minuten in den heißen Ofen stellen. In der Zwischenzeit den restlichen Rum in einem kleinen Topf erhitzen. Den Kuchen aus dem Ofen nehmen und am Tisch vor den Gästen mit dem Rum flambieren.

LE RELAIS CHABLISIEN

Küche	*Ambiente*
★	★ ★ ★

*4, rue
Bertin Poirée (1er)
Tel. 45.08.53.73
Métro: Pont Neuf
oder Châtelet
Geschlossen:
Sonntag und
14 Tage im August,
wobei hier die
Daten nicht fest-
liegen;*

*Le Relais Chabli-
sien ist nur mittags
als Restaurant
geöffnet, abends ist
es eine Weinbar.*

Wenige Meter hinter dem Vogelmarkt am rechten Seineufer beim Pont Neuf, wo die schwanzlosen Wachteln in ihren Käfigen zu besichtigen sind, die der Tourist möglicherweise schon nackt und mit einer Gänseleberfüllung gesehen hat, wo zartgliedrige Tauben für 150 Francs zum Kauf angeboten werden und Goldfische neben Gartenzwergen und Bonsais auf den Gartenfreund warten – dort, in der rue Bertin Poirée, liegt das Relais Chablisien. Der Besitzer, Christian Faure, stammt aus Chablis, daher der Name. Die Art und Weise, wie seine Frau und er sich

Christian Faure und seine Mannschaft rackern sich für ihre Gäste ab.

um ihre Gäste kümmern, ist bewundernswert. Die beiden – und auch das freundliche Personal – rackern sich im wahrsten Sinne des Wortes für ihre Gäste ab. Das Bistro ist gleichzeitig eine Bar, wo man an der Theke sitzen und Wein glasweise trinken kann (kann man auch am Tisch) und dazu aufgeschnittene Wurst oder saftigen Koch-

schinken ißt. Mittags gibt es eine kleine und vielverspre-
chende Karte, die – man muß das als normal ansehen im
Bistromilieu und nicht als tadelnswerte Ausnahme –
ihre Versprechungen nicht immer hält. Eine Roquefort-
terrine mit Nüssen, auf einem Friseesalat mit einer
herzhaften Senfvinaigrette angerichtet, gehört zu den
Glanzlichtern dieser Küche; der
pochierte Lachs in einer Schnitt-
lauchsauce markiert den üblichen Durchschnitt. Es gibt auch
Schwankungen nach unten.
Aber dann sind da wieder das
erwähnte Bemühen um den

Gast und die vorzüglichen Weine, die den Besuch dann
doch als gewinnbringend erscheinen lassen. Außerdem
sitzt man recht gemütlich in den verschiedenen Ecken,
und am schönsten im ersten Stock unter der alten Bal-
kendecke mit dem Fachwerk an den Wänden. Nur stehen
kann man da oben nicht, dazu ist die Decke zu niedrig.
Ob die Pariser im Mittelalter wirklich so klein waren oder
ob da irgendwann bei einer notwendigen Restaurierung
falsch gemessen wurde, geht aus der Speisekarte nicht
hervor. Sei es für einen Schinkenteller und einen Schluck
Wein, sei es für ein komplettes warmes Essen, der Aufent-
halt bei den freundlichen Faures ist ein Erlebnis, das in
dieser Nachbarschaft nicht eben häufig ist.

*Bistro und Bar
in einem: Le Relais
Chablisien.*

EIN REZEPT AUS
DEM RELAIS CHABLISIEN

Onglet de veau forêt d'othe

Kalbfleisch auf Försterart

FÜR 4 PERSONEN
800 g Kalbfleisch
(Mittelstück, Kamm)
Butter
Salz, Pfeffer
Marc de Bourgogne

Das Fleisch von Sehnen befreien, in 4 gleich große Stücke schneiden. In Butter anbraten, salzen und pfeffern. Mit Marc de Bourgogne flambieren, mit Aligoté ablöschen. Die Crème fraîche und die geputzten Waldpilze dazugeben. Mit Salz und Pfeffer abschmecken, einkochen und mit Knoblauchpulver und Petersiliensauce würzen.

½ Glas Aligoté
0,2 l Crème fraîche
250 g Waldpilze
Knoblauchpulver
Petersiliensauce

LE BRIN DE ZINC...
ET MADAME

Küche	Ambiente
★ ★ ★	★ ★ ★

50, rue
Montorgueil (2e)
Tel. 40.21.10.80
Métro: Les Halles
Geschlossen:
Sonntag,
Feiertage

Es ist sicherlich nicht falsch, die Gegend zwischen den ehemaligen Hallen (wo heute das Forum steht, bzw. klafft) und der Börse als das Herzstück der Pariser Bistroszene zu bezeichnen. Die rue Montorgueil übernimmt darin die Aufgabe des Appetitmachers; sie ist eine überaus farbige Marktstraße. Le Brin de Zinc…et Madame ist ein altes Eckhaus, war auch früher ein Bistro, mit den typischen Eisenstangen vor den Fenstern: nicht um Einbrecher abzuschrecken, sondern um Zechprellern den Notausgang zu versperren! Heute geht es hier zivilisiert zu; das Bistro wurde unlängst renoviert. Trotzdem ist viel vom Original-Dekor erhalten geblieben; die neuen Details wurden dem alten Stil angepaßt. Daß dabei die populäre Bistro-Folklore fehlt, empfinde ich als angenehm. Die Kellner, in schwarzen Westen und weißen

Die neuen Details wurden dem Originaldekor angepaßt.

Traditioneller Bistroservice: Die Kellner sind freundlich und flink.

Schürzen, sind freundlich und flink; die Speisekarte scheint auf den ersten Blick normal, sie entspricht dem üblichen Bistro-Repertoire. Die Schnecken, die Wildterrine, der Kalbskopf *Sauce Gribiche* – ja, das kennt man. Sogar eine gratinierte Zwiebelsuppe, dieses Relikt aus der alten Hallen-Zeit, kann man hier als Vorspeise essen. Der

Wurde unlängst renoviert: Le Brin de Zinc...et Madame.

Kalbskopf ist zu schwach gewürzt, das gleiche gilt für das Kalbshirn im schlappen Salat. Nur die pochierten Eier in der ausgehöhlten Kartoffel *(Œufs pochés Toupinel)* sind eine erste Überraschung, weil ihre merkwürdige Zubereitung ungewöhnlich ist und sehr delikat schmeckt. Als dann der Kellner den herrlichen Pinot Blanc von Kreidenweiss (Elsaß) entkorkt hat und die Hauptgerichte bringt, geschieht etwas Unerwartetes: Die Edelfischstücke in einer Sauternes-Sauce, der Kabeljau mit den feinen Gemüsen, die Seezungen- und Lachs-stücke mit der formidablen Safransauce, das alles ist so

Ein Blick hinter die »Kulissen«.

perfekt gekocht, so auf den Punkt genau gegart und so hinreißend gewürzt, wie ich es bestenfalls in einem Gourmet-Restaurant erwarte. Auch ein so schlichtes Gericht wie das *Bœuf Lyonnais* (geschnetzeltes Zwiebelfleisch) ist beispielhaft. Und die Desserts der Madame – alles klassische Süßspeisen der Hausmannskost – sind eine Wonne! Des Rätsels Lösung ist die Schulung des jungen Küchenchefs Yvon Levaslot durch die Küchen berühmter Restaurants. Man darf auf seinen weiteren Aufstieg gespannt sein. Auch die Weinkarte verrät dem Kenner, daß sich da jemand bei der Zusammenstellung mehr als die nächstliegenden Gedanken gemacht hat.

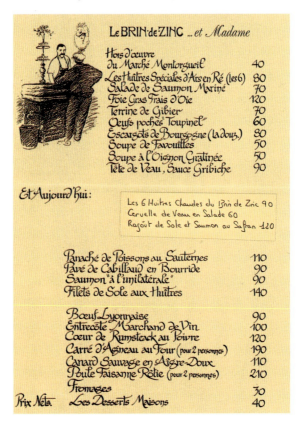

L'OULETTE

38, rue des
Tournelles (4e)
Tel. 42.71.43.33
Métro: Bastille
oder Chemin Vert
Geschlossen:
Samstag mittag
und Sonntag

Im Oulette machen die vergessenen Rezepte der Regionalküche geradezu Furore.

Es ist einigermaßen unvorstellbar, daß ein Gast hierhin zurückkehrt, weil er sich an ein typisch pariserisches Bistro erinnert, wo er die mit diesem Begriff verbundene Romantik erlebt hat. Ebenso ungewöhnlich wäre die Erinnerung an ein rustikales und bürgerliches Essen. Auch scheint es mir übertrieben, den von zwei zarten jungen Damen gebotenen Service als besonders effizient zu bezeichnen. Sogar der Weinfreund wird etwas ratlos die wenigen Sorten studieren, die die kurze Karte verzeichnet. (Allerdings – und das ist ein Fall für Kenner – gehört der simple, wenngleich im Holzfaß ausgebaute Gaillac AOC zu den unbekannten Weinen, deren Bekanntschaft überaus lohnend ist.) Was also bleibt? Die Küche, und nur die. Dafür ist in diesem winzigen Bistro ein ernsthafter junger Mann namens Marcel Baudis verantwortlich. Er stammt aus dem Südwesten Frankreichs und hat die höheren Weihen der Kochkunst bei seinem Landsmann Alain Dutournier empfangen. Dutournier gehört zu den originellsten der jungen Aufsteiger von Paris, und wenn die vergessenen Rezepte der Regionalküche – speziell solche aus dem Südwesten – berechtigt Furore machen, so hat er ein großes Verdienst daran.

Marcel Baudis' Küche wäre schon für jedes edle Bistro eine kleine Sensation. Hier, in diesem schmalen Schlauch mit dem Null-Dekor, grenzt sie an ein Wunder. Da sitzt man also, wartet lange auf seinen Wein, den man anstelle eines Aperitifs bestellt hat, und glaubt eigentlich nicht mehr an ein Happy End dieses Ausflugs. Doch wenn dann die (unwahrscheinlich preiswerten) Gerichte aufgetragen werden, hebt sich der Vorhang vor einer hochkulinarischen Aufführung. Was immer man bestellt, es unterscheidet sich vom Durchschnitt auf eine verblüffende

L'Oulette ist für seine seltenen Weine bekannt.

Weise. Hier kocht jemand, der – damit ist wohl zu rechnen – die erste Gelegenheit wahrnehmen wird, ein größeres und eleganteres, also ein seiner Küche angemessenes Restaurant zu eröffnen. Deshalb ist es für den Kulinariker besonders reizvoll, das junge Talent jetzt in seiner ambitioniertesten Phase kennenzulernen. Außerdem sind die angrenzenden Straßen, die Place des Vosges und die Place de la Bastille mit der neuen Oper ohnehin das Zentrum für entdeckungsfreudige Paris-Besucher.

REZEPTE AUS DEM OULETTE

Cassolette de gras-double au safran

Kutteln mit Safran aus der Pfanne

FÜR 6 PERSONEN	Zunge, Schweinsfüße und Pansen separat blanchieren.
1 Kalbszunge	Die Zunge häuten. Pansen und Zunge in große Würfel
1 Pansen	schneiden.
2 Schweinsfüße	Den Schinken und die Karotten in kleine Würfel schnei-
200 g gekochter	den, die Zwiebel feinhacken. Die Knoblauchzehe schälen
Schinken	und durch die Presse drücken.
1 große Zwiebel	Die Zwiebel in Gänseschmalz anschwitzen. Knoblauch,
200 g Karotten	Karotten und Schinken dazugeben und 5 Minuten dün-
1 Knoblauchzehe	sten. Mit Weißwein und Hühnerbrühe aufgießen. Bou-
2 l trockener	quet garni, Pansen- und Zungenwürfel, Schweinsfüße,
Weißwein	Salz, den zerstoßenen Pfeffer, Safran und Muskatnuß
1 l Hühnerbrühe	dazugeben. Bei geringer Hitze 3 Stunden zugedeckt
1 Bouquet garni	köcheln lassen, dabei häufig entfetten und abschäumen.
Salz, Muskatnuß	Die Schweinsfüße herausnehmen, die Knochen entfer-
50 g schwarzer,	nen und das Fleisch in große Würfel schneiden. Die
zerstoßener Pfeffer	Fleischwürfel in den Topf zurückgeben und noch einmal
2 g Safranfäden	½ Stunde kochen lassen.
20 g Gänseschmalz	Nach Bedarf noch einmal abschmecken.

Kutteln mit Safran aus der Pfanne.

Queue de bœuf braisée au foie gras

en tomate farcie

Gefüllte Tomate mit geschmortem Ochsenschwanz

und Entenleber

FÜR 4 PERSONEN

1,8 kg Ochsen-

schwanz

Salz, Pfeffer aus

der Mühle

3 EL Erdnußöl

1 EL Mehl

MARINADE

3 große Karotten

2 große Zwiebeln

1 Selleriestange, in

kleine Würfel

geschnitten

2 Gewürznelken

1 Bouquet garni

(1 Lorbeerblatt,

4 Thymianzweige,

Petersilienstengel,

2 Lauchblätter)

1 dl Pflaumengeist

Rotwein

(Burgunder)

ZUBEREITUNG DES OCHSENSCHWANZES

Den Ochsenschwanz vom Metzger in Scheiben schneiden lassen. Für 24 Stunden in die Marinade legen.

Am nächsten Tag das Fleisch herausnehmen und abtropfen lassen. In einem Gußeisentopf in Erdnußöl 4 Minuten von allen Seiten anbraten. Das Fleisch aus dem Topf nehmen, Öl und Fett abgießen. Die abgeseihten und abgetropften Zutaten der Marinade in den Topf geben, anschwitzen, mit Mehl bestäuben und unter Rühren mit dem Holzkochlöffel 5 Minuten anbräunen. Den Wein von der Marinade angießen und 45 Minuten zugedeckt leise köcheln lassen. Den Ochsenschwanz dazugeben, mit Wasser aufgießen, bis alles bedeckt ist, aufkochen und die Brühwürfel hineingeben. Zugedeckt im Ofen bei 180°C 3½ bis 4 Stunden kochen (das Fleisch muß sich vom Knochen lösen). Nach Ende der Garzeit das Fleisch herausnehmen, abkühlen lassen und die Knochen entfernen. Die Sauce durch ein Sieb gießen, bei geringer Hitze köcheln lassen, dabei häufig abschäumen.

ZUBEREITUNG DER TOMATEN

Von den Tomaten eine Haube mit dem Stiel abschneiden. Die Tomaten vorsichtig aushöhlen, die Kerne entfernen. Etwas grobes Salz hineinstreuen, die Tomaten umdrehen und den Saft ablaufen lassen.

BEILAGE UND

SAUCE

4 mittelgroße runde

Tomaten mit Stiel

4 Scheiben frische

Entenleber

(je ca. 60 g)

4 feingehackte

Schalotten

20 g Butter

60 g Entenleber-

abgänge

1 dl Malaga

2 Rinderbrühwürfel

ZUBEREITUNG DER SAUCE

2 feingehackte Schalotten in Butter anschwitzen. Malaga dazugeben und einkochen. Mit der Reduktion der Rinderbrühe aufgießen und um ein Drittel einkochen. Im Mixer mit den Entenleberabgängen binden. Durch ein Sieb gießen.

FERTIGSTELLUNG

Die restlichen gehackten Schalotten in einer Schmorpfanne anschwitzen. Den entbeinten Ochsenschwanz dazugeben und goldbraun anbraten. Mit 3 kleinen Schöpflöffeln Sauce begießen und einkochen. Die zubereiteten Pilze dazugeben. Warm stellen.

PILZFRIKASSEE

**200 g Waldpilze
(Pfifferlinge, Butterpilze etc.)
1 feingehackte
Schalotte
2 Knoblauchzehen,
blanchiert und
gehackt
2 EL feingeschnittene frische Kräuter
(Schnittlauch,
Kerbel, Estragon,
Petersilie)**

ANRICHTEN

Auf jeden Teller eine Tomate geben, die zuvor einige Sekunden in kochendem Wasser erwärmt wurde, mit der Ochsenschwanz-Pilz-Mischung füllen, auf einer Seite überlaufen lassen. Die Entenlebern in der Pfanne kurz anbraten und auf die Füllung legen. Mit der Sauce umgießen und sofort servieren.

Pastis du Quercy aux pommes et aux pruneaux
Apfel-Pflaumen-Kuchen

FÜR 10-12
PERSONEN

500 g Mehl

10 g Salz

2 EL Öl

4 Eigelbe

¼ l lauwarmes
Wasser

125 g Butter

1,5 kg Äpfel

200 g Pflaumen

2 dl Pflaumengeist

100 g Zucker

Mehl, Salz, Öl und Eigelbe mit dem Knethaken des Handrührers schlagen, dabei so viel Wasser angießen, daß ein elastischer, nicht zu fester Teig entsteht. Den Teig zu einer festen, glatten Kugel formen. Sorgfältig mit Öl bestreichen und in einem verschlossenen Behälter 2 bis 3 Stunden ruhen lassen.

Die Äpfel schälen und in feine Scheiben schneiden, mit dem Zucker, den Pflaumen und dem Pflaumengeist ziehen lassen. Eine große Springform einfetten.

Auf einem großen Tisch ein Küchentuch ausbreiten und mit Mehl bestäuben. Den Teig in die Mitte legen. Mit den Fingern auseinanderziehen ohne ihn zu zerreißen, bis der Teig hauchdünn wie ein Blatt Papier ist und die gesamte Tischfläche bedeckt (man sollte durch den Teig noch einen Liebesbrief entziffern können...).

Trocknen lassen, bis sich der Teig wie Pergament anfühlt. In die Springform vier- bis fünfmal abwechselnd eine Scheibe Teig, zerlassene Butter, Apfel-Pflaumen-Mischung und Zucker einschichten. Mit Teig abschließen, einige Teigreste zur Verzierung darauf verteilen und leicht zuckern.

Im Ofen bei mittelstarker Hitze backen.

Aus der Form nehmen und auf einen Kuchenrost geben. Mit Puderzucker bestreuen, mit Pflaumengeist beträufeln und lauwarm servieren.

AU PONT MARIE

Küche	*Ambiente*
★ ★	★

7, quai Bourbon (4e)

Tel. 43.54.79.62

Métro: Pont Marie

Geschlossen:

Samstag

und Sonntag

Die Île Saint-Louis ist eine besondere Attraktion in der mit Attraktionen so reich gesegneten Stadt Paris, ein völlig intaktes Ensemble von Häusern aus dem 17. und 18. Jahrhundert, durch vier Brücken mit den Seineufern verbunden, von alten Ufermauern eingefaßt und der Länge nach von nur einer Straße durchzogen. Hinter den vornehmen und ziemlich verschlossen wirkenden Fassaden vermutet der Spaziergänger nicht zu Unrecht eine gehobene Lebensqualität. Wer hier wohnt, gehört zu einer auserwählten Schar von Glücklichen, die die furchteinflößenden Grundstückspreise bezahlen können. Im Sommer steht es mit dieser Qualität nicht immer zum besten, dann ist die pittoreske Insel von Touristen

An seiner Holz-
fassade leicht zu
erkennen:
Au Pont Marie.

überschwemmt. Aber im Herbst und im Winter, wenn die Läden auf der rue St.-Louis-en-Île erleuchtet sind und die Insulaner ihre abendlichen Einkäufe machen, ist sie der gemütlichste Platz von Paris.

An der Ecke, wo die Pont Marie auf die Insel trifft, habe ich oft ein Glas Wein an der Theke des Franc Pinot getrunken, bevor ich zu einem Bistrobesuch aufgebrochen bin. Das am nächsten liegende befindet sich nur zwei Häuser weiter: Au Pont Marie. Die kleine Holzfassade ist leicht zu übersehen, dabei ist sie noch das hübscheste Detail des winzigen Bistros. Innen fallen sofort die hausgemachten Torten ins Auge, die auf der langen Holztheke stehen und den Besucher hoff-

nungsvoll stimmen. Sie sehen verführerisch aus und
können in frischem Zustand ganz passabel sein – wie ich
vermute. Ich hatte in dieser Hinsicht wenig Glück. Links
an der Wand zieht sich eine einzige
Reihe kleiner Tische entlang; an der
Decke Balken; sonst kein Schmuck. Die
Speisekarte ist nicht nur gut lesbar,
man liest sie auch mit wachsender
Freude. Denn hier sind all die so selten
gewordenen Spezialitäten des französischen Südwestens aufgeführt, die eingemachten Enten und deren Innereien;
das *cassoulet*, dieser wuchtige Bohneneintopf aus Toulouse, der für vier-

undzwanzig Stunden sättigt; der *magret de canard*
(dicke Stücke von der Entenbrust) und andere von mir
geliebte Deftigkeiten. Die Preise sind erschütternd niedrig, weshalb viele jüngere Leute hier einkehren sowie

*Die hausgemach-
ten Torten stimmen
den Besucher
hoffnungsvoll.*

die Sparsamen unter den reichen Bewohnern der Insel.
Gekocht und serviert wird allerdings nicht so schön,
wie das zu wünschen wäre. Gewiß besaß eine Gemüsesuppe genau die Qualität, die eine einfache Gemüsesuppe
haben muß; zugegebenermaßen war die große Portion
gesier de canard confit auf Linsen ein richtiger
Schmackofatz. Aber ein gefüllter Kohl war vorgekocht
und lieblos unter dem Grill aufgewärmt, wodurch er
innen lau und außen schwarz war. Ebenfalls aufgewärmt das Huhn in Zitronensauce, bei dem die Sauce mit
penetranter Melisse aromatisiert war, und auch die

Kartoffeln litten schmeckbar unter ihrer langen Warm-
haltephase. Eine Zitronencreme war kreischend süß,
eine *tarte aux raisins* alt und aufgeweicht. Bei den
niedrigen Preisen sollte man hier zwar nicht allzu viel
erwarten. Aber eine etwas sorgfältigere Küche, und dieses versteckte Bistro wäre einen Umweg wert, nicht
zuletzt weil die Flasche Marcillac (ein rustikaler, fast un-
bekannter Rotwein aus dem Departement Aveyron) nur
48 Francs kostet. Meine Hoffnung, daß es im Au Pont
Marie bessere Tage gibt, als ich sie erlebt habe, drückt
sich in dem ansonsten nicht gerechtfertigten zweiten
Punkt aus.

Das Au Pont Marie hat augenschein-lich eine glückliche Hand bei der Auswahl seiner Weine.

REZEPTE AUS DEM AU PONT MARIE

Feuilleté au roquefort

Blätterteigpastete mit Roquefort

FÜR 4 PERSONEN
300 g Blätterteig
1 Eigelb
250 g Roquefort
50 g Crème fraîche

Den Blätterteig 5 mm dick ausrollen und gleich große Rechtecke ausschneiden. Mit einem verquirlten Eigelb bestreichen und im Ofen bei 180 °C goldbraun backen. In der Zwischenzeit die Sauce zubereiten. In einem kleinen Topf den Roquefort mit der Crème fraîche bei geringer Hitze verrühren. Die fertigen Blätterteigschnitten aufschneiden und mit der Roquefortsauce füllen.

Magret de canard au poivre vert

Entenbrust mit grünem Pfeffer

FÜR 4 PERSONEN
4 Entenbrüste
Butter
1 Glas trockener
Weißwein
gebundener
Kalbsjus
etwas Crème fraîche
grüner Pfeffer

Die Entenbrust in der Butter anbraten. Im Ofen in 15 Minuten fertig braten. Die Entenbrust herausnehmen und warm stellen. Den Fond mit Weißwein ablöschen, den Kalbsjus und die Crème fraîche zufügen und reduzieren lassen. Zum Schluß den grünen Pfeffer dazugeben. Die Entenbrust in Scheiben schneiden und mit der Sauce überziehen. Dazu Bratkartoffeln oder andere Beilagen reichen.

Tarte aux abricots

Aprikosenkuchen

Mürbeteig

(aus 300 g Mehl

200 g Butter

2 EL Zucker, 1 Ei

1 Prise Salz)

750 g Aprikosen

Den Mürbeteig zubereiten und eine runde Tarteform damit auskleiden. Aus Zucker, Mehl, Eiern und wenig Sahne einen Teig rühren und auf dem Mürbeteig verteilen. Er soll die Obstflüssigkeit auffangen.

Die Aprikosen waschen, halbieren und entkernen. Auf dem Teig anrichten, eventuell zuckern. Bei mittlerer Hitze ca. 45 Minuten im Ofen backen.

Mit Puderzucker bestäuben.

1 EL Zucker

4 EL Mehl

2 Eier

etwas Sahne

LE CAMÉLÉON

Küche	Ambiente
★ ★ ★	★ ★

6, rue de
Chevreuse (6e)
Tel. 43.20.63.43
Métro: Vavin
Geschlossen:
Sonntag
und Montag,
August

Le Caméléon:
Qualitätsbistro
mit vielen
Überraschungen.

Nur wenige Schritte vom hektischen Verkehr an der
Kreuzung Boulevard Montparnasse/Boulevard Raspail
entfernt, liegt diese kleine Oase der Stille. Ein Qualitätsbistro, das für den ahnungslosen Gast einige Überraschungen bereithält. Was die Küche bietet, ist nicht alltäglich und den Stammgästen eine Stadtdurchquerung
wert. Zum Beispiel das warme, haschierte Fleisch vom
Ochsenschwanz, welches hier – eine Spezialität des Hauses – als perfekt gewürzter Salat serviert wird. Oder die in
Zitronensaft marinierten, dünnen Courgettenscheiben,
welche die ohnehin erstklassigen Salate um eine interessante Variante bereichern. Sogar die klassische Kombination von Entenmägen und Salat ist im Le Caméléon von
seltener Zartheit. Die *Morue à la provençale* – ein warmes, grobes Tatar vom Stockfisch – hat etwas von der
Raffinesse der Nouvelle Cuisine, und die Saucen zu den
Fleischgerichten sind für ein so bescheidenes Lokal
durchaus unüblich. Das Weinangebot wiederum verrät
Kennerschaft, die Preise sind durchweg bescheiden.
All diese angenehmen Umstände finden ihre Erklärung,
wenn man dem Patron zuhört. Monsieur Faucher war

früher Metzger in Les Halles (was in der Branche als Auszeichnung gilt) und hat sich seinen Traum erfüllt: ein eigenes Bistro. Das und der Wein sind sein Thema, darüber redet er mit Leidenschaft, davon schwärmt er. Sein kleines Restaurant ist mit vielen Plakaten und Bildern, mit falschem Stuck, Ventilator, Trödellampen und einer ziemlich furchtbaren Blumentapete recht bunt herausgeputzt. Ein Treffpunkt für Kenner, die hier eine überdurchschnittliche Qualität finden sowie eine anregende Atmosphäre, da die Klientel sich vor allem aus unbürgerlichen Gästen zusammensetzt. Wer nicht vorbestellt hat, muß sich auf eine längere Wartezeit am alten Tresen einrichten. Wunderbare Desserts, wie das Tee-Parfait mit Minzsauce oder die *Crème brûlée* mit einem Hauch von Kümmel, runden eine Küche ab, die unter ihresgleichen einen herausragenden Platz einnimmt.

Das Weinangebot verrät Kennerschaft – die Preise sind durchweg bescheiden.

Die Küche bietet phantasievolle Gerichte für Kenner.

REZEPTE AUS DEM CAMÉLÉON

Gâteau d'aubergines

Auberginenkuchen

FÜR 12 BIS
15 PERSONEN

2,8 kg Auberginen

Knoblauch

Olivenöl

Salz

6 l Schlagsahne

28 Eier

Die Auberginen der Länge nach halbieren. Im Ofen mit etwas Wasser, Knoblauch, Olivenöl und Salz kochen, bis sich das Fruchtfleisch von der Haut löst.

Das Fruchtfleisch mit einem Löffel herausheben, im Mixer pürieren und durch ein feines Sieb streichen.

Die Eier mit der Schlagsahne verrühren und zum Auberginenpüree geben.

Kleine Aluminiumförmchen buttern und mit der Auberginenmasse füllen. Bei niedriger Hitze im Ofen backen. Abkühlen lassen und stürzen. In der Mikrowelle vorsichtig erhitzen, bis sie lauwarm sind. Auf Tomatenmark servieren.

Morue provençale
Provenzalischer Stockfisch

Gesalzene, getrock-	Die Stockfischfilets über Nacht in fließendem Wasser	***Kartoffeln***
nete Stockfischfilets	entsalzen.	***Schnittlauch***
Gemüsebrühe	In einer mit Knoblauch gewürzten Gemüsebrühe pochie-	***Knoblauchpaste***
Knoblauch	ren, die Gräten entfernen.	***(Aïoli)***
Olivenöl	Knoblauch kleinhacken und in einer Pfanne in Olivenöl	
Tomaten, gehäutet	anbraten, die Tomatenstückchen dazugeben und etwas	
und kleingeschnitten	einkochen lassen. Die Stockfischfilets vorsichtig etwas	
	zerkleinern und in die Pfanne geben.	

Als Beilage im Dampf gegarte Kartoffeln, Schnittlauch und Knoblauchpaste reichen.

CHEZ MAÎTRE PAUL

<table>
<tr><td>Küche
★ ★</td><td>Ambiente
★ ★</td></tr>
</table>

12, rue Monsieur-
le-Prince (6e)
Tel. 43.54.74.59
Métro: Odéon
Geschlossen:
Sonntag
und Montag,
August,
24. Dezember bis
2. Januar

Seit dreißig Jahren für seine erstklassige Regionalküche bekannt: das Chez Maître Paul.

Hausmannskost aus dem französischen Jura.

Ungefähr dreißig Jahre sind vergangen, seit ich zum ersten Mal in diesem winzigen Bistro aß. Seitdem hat sich nichts verändert. Wie schon damals werden die Gäste zur Hintertür hereingebeten, wie immer werkelt Monsieur Gaugain in der Küche, während Madame sich um die Gäste kümmert. Küche und Dekor erwecken den Eindruck, als befänden wir uns hier irgendwo im französischen Jura, ländlich und bescheiden, und nicht im buntesten und jugendlichsten Quartier links der Seine. Das (aufgesetzte) Fachwerk an den weißen Wänden verspricht eine Rustikalität, welche von den herzhaften Sah-

nesaucen eingelöst wird. Die Küche hat keine Ähnlichkeit mit der üblichen Bistroküche à la Lyon oder Südwest;
hier wird Hausmannskost serviert, wie sie in den gebirgi-
gen Regionen nahe der Schweizer Grenze üblich ist. Also
keine Linsen und keine Entenmägen, dafür die warme
Kochwurst mit Kartoffelsalat; kein Kalbskopf, sondern
die Leber vom Kalb (groß und saftig) in einer Sahnesauce
mit Vin de Paille. Dieser ist süß und eine Spezialität des
Jura. Überhaupt spielen die Weine des Arbois, insbeson-
dere der sherryähnliche Château Chalon, in der Küche
des Maître Paul eine große Rolle. Ob die Seezungen-
streifen oder die Hühnerbrust in sahniger Sauce mit
Château Chalon zubereitet werden (oder mit einem ver-

Ländliches Dekor
im jugendlichen
Quartier.

wandten Vin jaune), ob sich das Kalbsbries als
jurassienne zu erkennen gibt – immer ist der
lokale Wein dabei, und immer dicke Sahne. Das
schmeckt schon automatisch so gut, daß Chez
Maître Paul viele treue Stammkunden hat.

Auch an der Aus-
stattung wurde über
Jahrzehnte hinweg
nichts geändert.

Dazu tragen auch die Preise bei, welche beweisen, daß
im hektischen Paris ein Kleinrestaurant auch über
Jahrzehnte hinweg existieren kann, ohne vom Gast eine
Neuverschuldung zu verlangen.

Im ersten Stock kann man auch sitzen, an den offenen
Fenstern sogar sehr angenehm. Doch wird oben nur im
Notfall serviert, da die schmale Wendeltreppe den Gästen,
und vor allem den Kellnern, fast hochalpine Leistungen
abverlangt.

REZEPTE AUS DEM CHEZ MAÎTRE PAUL

Poulet au vin jaune

Huhn in Vin jaune

FÜR 4 PERSONEN

1 Huhn

Butter, Öl

Knoblauchzehen

Schalotten

Bouquet garni

Marc du Jura

Vin jaune

(z. B. Château

Chalon, Spezialität

aus dem Jura)

Salz, Pfeffer

Ein junges Huhn ausnehmen und vierteln. Kurz in Butter und Öl anbraten, dann in einen großen Topf geben, gehackte Knoblauchzehen und Schalotten und das Bouquet garni dazugeben. Zugedeckt einige Minuten anschwitzen. Mit dem Marc du Jura flambieren, mit Vin jaune ablöschen und einige Minuten schmoren lassen. Mit dem Wein aufgießen, bis alles bedeckt ist, mit Salz und Pfeffer abschmecken. Ungefähr 30 Minuten kochen. Die Hühnerstücke herausnehmen und warm stellen. Den Weinsud aufs Feuer zurückstellen und mit dem Schneebesen weiche Butterflöckchen unterrühren. Einige Minuten kochen lassen. Die Hühnerstücke in die Sauce zurückgeben. Als Beilage Champignons servieren.

Huhn in Vin jaune.

Ris de veau au Château Chalon

Kalbsbries mit Château-Chalon-Sauce

FÜR 2 PERSONEN
500 g Kalbsbries
Salz
Butter
1 Glas Château
Chalon
3 EL Crème fraîche
100 g Champignons
Zitronensaft

Das Kalbsbries unter fließendem Wasser waschen, bis keine Spur von Blut mehr zu sehen ist. Das Kalbsbries in einen Topf geben, mit Wasser bedecken, gut salzen und 15 Minuten kochen. Unter fließendem Wasser abkühlen. Wenn es kalt ist, die nicht verwendbaren Häute und Äderchen entfernen, nur das weiße Fleisch zurückbehalten und in kleine Stücke teilen. In einer Pfanne mit etwas Butter anbraten, bis sie leicht goldbraun sind. Auf einer länglichen Platte anrichten.

Den Bratenfond mit 1 Glas Château Chalon ablöschen, 3 EL Crème fraîche und gehackte Champignons dazugeben, die zuvor in etwas Wasser mit Salz und Zitronensaft gekocht wurden. Die Crème fraîche vorsichtig einkochen. Sie muß dickflüssig sein, darf aber nicht zu stark gekocht werden, da die Sahne sonst gerinnt. Die Sauce über das Kalbsbries geben. Sehr heiß und sofort servieren.

CHEZ RIBE

Küche	Ambiente
★★	★★★

15, av. de Suffren

(7e)

Tel. 45.66.53.79

Métro: Champ de

Mars / Tour Eiffel

Geschlossen:

Sonntag

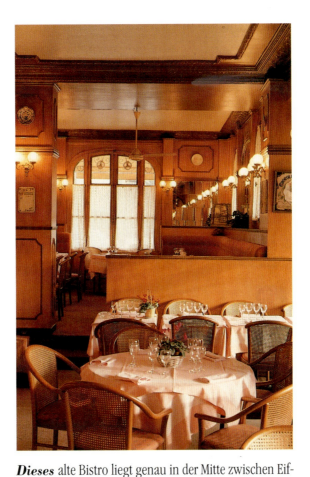

Chez Ribe: altes Bistro mit internationalem Flair.

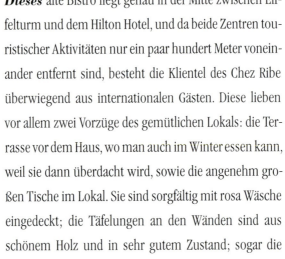

Dieses alte Bistro liegt genau in der Mitte zwischen Eiffelturm und dem Hilton Hotel, und da beide Zentren touristischer Aktivitäten nur ein paar hundert Meter voneinander entfernt sind, besteht die Klientel des Chez Ribe überwiegend aus internationalen Gästen. Diese lieben vor allem zwei Vorzüge des gemütlichen Lokals: die Terrasse vor dem Haus, wo man auch im Winter essen kann, weil sie dann überdacht wird, sowie die angenehm großen Tische im Lokal. Sie sind sorgfältig mit rosa Wäsche eingedeckt; die Täfelungen an den Wänden sind aus schönem Holz und in sehr gutem Zustand; sogar die

Beleuchtung ist abends ausreichend. Die Speisekarte ist ein Beweis großer Vernunft: Es gibt nur ein Menü für 148 Francs, das allerdings in vielen Variationen. Oft kommt der Patron selbst an den Tisch und nimmt die Bestellung auf, ein sehr aufmerksamer Mann, der auch dafür sorgt, daß die Küche eine erfreuliche Auswahl bietet. Sie ist einerseits eine eindeutige Bistroküche, andererseits aber mit spür- und schmeckbarem Ehrgeiz ausgestattet, der nicht alltäglich ist. Davon zeugen der warme und sehr leichte Auberginenkuchen, eine rein vegetarische Vorspeise, oder die delikate Marinade, in der die frischen Sardinen liegen, sowie das warme und exzellent gewürzte Haschee vom Drachenkopf *(Rascasse)*, ein Gericht, das jedem Gourmet-Restaurant zur Ehre gereichen würde. Überzeugend ist auch der Kabeljau in einer mit Knoblauch gesättigten Stockfischsauce. Wer es mehr klassisch mag, findet bei den perfekt gebratenen Lammkoteletts *(Carrée d'agneau)* ein weiteres Beispiel einer überaus soliden Bistroküche, in der Vorstöße in den Bereich der Feinschmeckerküche keine Seltenheit sind. Ein weiterer Grund zur Freude sind die frischen Salate (z. B. mit Lammzungen und Entenmägen), wie überhaupt Fehlleistungen hier kaum zu erwarten sein dürften. Nur die Weinkarte ist der bemühten Küche nicht angemessen, das Angebot ist unzureichend. Und die Kellner lassen auch schon mal auf sich warten, wenn, wie meistens, dieses Bistro im Schatten des Eiffelturms voll ist.

Mit spür- und schmeckbarem Ehrgeiz ausgestattet: die Küche des Chez Ribe.

REZEPTE AUS DEM
CHEZ RIBE

Gâteau d'aubergines, coulis de tomate au basilic

Auberginenkuchen mit Tomaten-Basilikum-Sauce

FÜR 6 PERSONEN

6 mittelgroße

Auberginen

6 Eier

6 EL Crème fraîche

Salz, Pfeffer

geriebene

Muskatnuß

Olivenöl

3 Auberginen in kleine Stücke schneiden, mit Salz und Pfeffer würzen und mit Olivenöl beträufeln. In eine ofenfeste Form geben und 45 Minuten bei 180°C im Ofen garen. Die Auberginenstücke im Mixer zerkleinern, die Eier nach und nach dazugeben, dann die Crème fraîche. Mit Salz, Pfeffer und Muskat abschmecken.

Die restlichen 3 Auberginen in Scheiben schneiden. Mit Salz und Pfeffer würzen und in der Pfanne in Olivenöl anbraten. 6 ofenfeste Förmchen mit den Auberginenscheiben auslegen, mit dem Auberginenpüree auffüllen und im Wasserbad bei 140°C 45 Minuten garen. Aus der Form stürzen, wenn der Auberginenkuchen etwas abgekühlt ist, und mit Tomaten-Basilikum-Sauce servieren. Am besten warm servieren, schmeckt jedoch auch kalt. Für die Tomatensauce eine Handvoll frisches oder tiefgefrorenes Basilikum mit Salz, Pfeffer, Olivenöl und ½ l Tomatensaft in den Mixer geben und gut vermischen. Noch besser schmeckt die Sauce, wenn man sie mit frischen Tomaten zubereitet.

...uberginenkuchen mit Tomaten-Basilikum-Sauce.

Gaspacho »Andalou« – Soupe froide de tomate
Andalusischer Gazpacho

FÜR 6 PERSONEN

6 schöne reife Tomaten

½ geschälte Gurke

1 kleine rote Paprikaschote

1 mittelgroße Zwiebel

6 Basilikumzweige

Salz, Pfeffer

Olivenöl

Tomaten, Gurke, Paprikaschote und Zwiebel in kleine Würfel schneiden. Das Gemüse nach und nach in den Mixer geben und pürieren, Salz, Pfeffer, Olivenöl und Basilikum hinzufügen und gut verrühren.

In eine Suppenterrine füllen und sehr kalt servieren. Dazu separat reichen: Zwiebel, rote und grüne Paprikaschoten und Gurke, jeweils in sehr feine Würfel geschnitten, sowie kleine Schnittlauch- und Petersilienbrote.

Coquelet grillé entier
Gegrilltes junges Hähnchen

FÜR 1 PERSON

1 junges Hähnchen gut gerupft und ausgenommen

1 Scheibe Speck

scharfer Senf

Paniermehl

Zum Garnieren:

1 Tomate

1 Champignon

Streichholzkartoffeln oder Strohkartoffeln

Das Hähnchen am Rückgrat entlang aufschneiden, die Wirbelsäule entfernen und das Hähnchen flachdrücken. Mit Salz, Pfeffer (oder Cayennepfeffer) gleichmäßig würzen, mit Hilfe eines Pinsels mit Senf bestreichen und im Paniermehl wenden.

Das Hähnchen entweder unter dem Grill oder in der offenen Pfanne oder im Ofen auf der Grillstufe braten. Den Speck grillen und das Hähnchen damit garnieren. Tomate, Champignon und Kartoffeln dazu anrichten.

Ein einfaches, preisgünstiges und reichhaltiges Gericht.

THOUMIEUX

Küche	Ambiente
★	★★★

79, rue Saint-
Dominique (7e)
Tel. 47.05.49.75
Métro: Invalides
Kein Ruhetag

Freundlich um das
Wohl der Gäste
bemüht: die Kellner
des Thoumieux.

Hier ist die Atmosphäre alles. Ein großes, authentisches Bistro aus den zwanziger Jahren. Spiegelwände rechts und links, rote Plüschbänke, schlichte Stühle, kleine Tische, beigefarbener Lack an Wänden und Decke, dünne, verspiegelte Säulen, die Kellner in weißer Schürze und schwarzen Westen, weiße Tischtücher (kein Papier, sondern Stoff wie die Servietten) und eine Speisekarte wie aus dem Musterbuch der Bistroküche. Vom Hering bis zur *Crème caramel*, vom Ei mit Majonnaise über Rohkostsalate bis zum Rochen mit grünem Pfeffer, dem Bohneneintopf mit Entenfleisch *(Cassoulet au confit de canard)*, Kalbskopf, Schweinsfuß, Lammnieren – es ist alles da, was der Bistrofreund zu seinem Glück braucht. Daß das Glück dann nur in kleiner Münze ausgezahlt wird, weil in der Küche mit dem Salz gespart wird und der Koch auch den Pfeffer nicht liebt, weil die *Champignons à la grecque* ohne ein erkennbares Aroma angerichtet werden und auch der Pariser Schinken nicht gerade vor Delikatesse strotzt, das alles ist ja eher normal für eine Bistroküche. Wirkliche Katastrophen weiß die Küche hier jedenfalls zu verhindern, und zieht man die menschen-

Das Thoumieux hat
täglich geöffnet.

freundlichen Preise in Betracht, so bleibt unterm Strich
ein akzeptables Essen in echtem Bistro-Milieu.

Wie in allen Bistros unterscheidet sich auch im Thoumieux die Klientel am Mittag sehr von den Abendgästen.
Wer mittags in ein Bistro geht, der ißt dort, weil er in der
Nachbarschaft arbeitet, die Abendgäste dagegen wollen
in erster Linie ausgehen. Also beherrscht am Abend die
Jugend das Bild und verwandelt das recht große Bistro in
eine lärmende Brasserie. Eine kleine, aber interessante
Weinkarte, auf der sogar anspruchsvolle Bordeauxtrinker
für wenig Geld einige passable Flaschen entdecken kön-

*Traditionelle Bistro-
küche in anspruchs-
voller und authen-
tischer Umgebung.*

nen. Die Weißweine werden etwas zu kalt, die Roten deutlich zu warm serviert. Das Thoumieux gehört zu den
wenigen Bistros, die täglich, also auch sonntags, geöffnet sind.

Thoumieux: ein Bistro aus den zwanziger Jahren.

Hier wird zubereitet, was der Bistrofreund zu seinem Glück braucht.

REZEPTE AUS DEM THOUMIEUX

Raie au poivre vert

Rochen mit grünem Pfeffer

FÜR 6 PERSONEN

1200 g Rochen

1 Zwiebel

Pfefferkörner

etwas Zitronenessig

Salz

Thymian

Lorbeer

FÜR DEN

SAUCENFOND

1 Lauchstange

2 Zwiebeln

1 Bouquet garni

100 g Butter

½ l Weißwein

Fischköpfe und

gräten

½ l Wasser

FÜR DIE

PFEFFERSAUCE

50 g Mehl

50 g Butter

Crème fraîche

grüner Pfeffer

Den Rochen waschen und abbürsten, dann den Kochsud zubereiten. Die Zwiebeln schälen, kleinschneiden und in einen großen Topf geben. Pfefferkörner, Zitronenessig, Salz, Thymian und Lorbeerblatt hinzufügen. 5 Minuten kochen, dann den Rochen 10 Minuten darin ziehen lassen, nicht mehr aufkochen. Den Rochen mit einem Schaumlöffel aus dem Sud heben, die schwarze und die weiße Haut abziehen. Die Fischstücke im Sud aufbewahren.

ZUBEREITUNG DES SAUCENFONDS

Die Butter in einem Topf zerlassen. Den gewaschenen und kleingeschnittenen Lauch und die in Würfel geschnittenen Zwiebeln darin anschwitzen, Fischköpfe und Gräten dazugeben und weitere 3 bis 4 Minuten dünsten, ohne Farbe annehmen zu lassen. Wasser, Weißwein und Bouquet garni hinzufügen und 20 Minuten leise köcheln lassen. Dabei von Zeit zu Zeit den Schaum abschöpfen.

Den Fond durch ein Sieb abgießen und zur Hälfte einkochen.

In einem kleinen Topf aus der Butter und dem Mehl eine helle Mehlschwitze herstellen, nach und nach den Fischfond unterrühren, bis eine helle, sämige Sauce entsteht. 1 EL Crème fraîche dazugeben, dabei stets weiterrühren, damit die Sauce nicht am Topfboden anbrennt. Die Sauce abschmecken und den grünen Pfeffer dazugeben. Die Sauce nun nicht mehr schlagen, damit die grünen Pfefferkörner nicht zerdrückt werden, die Sauce wäre dann nicht mehr genießbar. Den Rochen aus dem Sud nehmen und abtropfen lassen, auf Tellern anrichten und mit der Sauce übergießen. Als Beilage Gemüse Ihrer Wahl reichen.

Cassoulet au confit de canard

Eintopf mit eingemachtem Entenfleisch

FÜR 6 PERSONEN

500 g weiße Bohnen
4 Zwiebeln
6 Toulouser
Würstchen
6 Scheiben
gesalzene und
geräucherte
Schweinebrust

1 EL Kräuter der
Provence
6 eingemachte
Entenschlegel
Gänsefett
½ TL Pfeffer
(kein Salz, die
Schweinebrust ist
salzig genug)

Die Bohnen verlesen und waschen, über Nacht einweichen. Abgießen, mit Wasser auffüllen, bis sie ganz bedeckt sind, und zum Kochen bringen. Die Bohnen kochen, dabei von Zeit zu Zeit den Schaum abschöpfen. In der Zwischenzeit die Würstchen und die Schweinebrustscheiben anbraten. Die Schwarte von der Schweinebrust abschneiden und würfeln. Die Zwiebeln schälen, kleinschneiden und in wenig Gänsefett andünsten, den Pfeffer und die Kräuter dazugeben. Die Zwiebeln zu den Bohnen geben, kurz bevor diese gar sind. Sechs ofenfeste Schüsseln oder eine große Form bereitstellen. In jede Schüssel (bzw. pro Person) 1 TL Gänsefett geben, Würstchen, Schweinebrust, Speckwürfel und einen Entenschlegel dazugeben, die Bohnen mit dem Bratenfett der

Würstchen und der Schweinebrust beträufeln und über dem Fleisch verteilen. Die Schüsseln abdecken und in den heißen Ofen stellen. 40 Minuten garen. Aus dem Ofen nehmen, wenn der Eintopf schön sämig und goldbraun ist.

Crème caramel
Karamelcreme

FÜR 8 PERSONEN

1 l Milch

6 Eier

200 g Zucker

1 Vanillestange oder

Vanilleessenz

200 g Zucker und 5 EL Wasser in eine kleine Kupfer-pfanne oder einen kleinen Topf geben und erhitzen, bis der Zucker die gewünschte Farbe hat. Den Zitronensaft dazugeben und den Topf vom Feuer nehmen. 8 kleine Förmchen mit dem Karamel ausgießen.

Die Milch mit der Vanillestange aufkochen.

Die Eier in einer Schüssel aufschlagen, den Zucker dazu-geben und gut verschlagen, bis eine homogene Masse entstanden ist. Die Milch unter kräftigem Rühren eingie-ßen. Durch ein sehr feines Sieb streichen, um die Eikeime zu entfernen. Die Förmchen mit der Mischung füllen.

Eine Bratreine mit einem Zeitungsblatt auslegen, die Förmchen daraufstellen und mit heißem Wasser umgie-ßen. Im Ofen bei mittelstarker Hitze ungefähr 30 Minuten backen. Wenn die Creme schön fest ist, aus dem Ofen nehmen, abkühlen lassen und stürzen. Kalt servieren.

FÜR DEN

KARAMEL

200 g Zucker

5 EL Wasser

etwas Zitronen-

saft

DOUCETTE ELYSÉES

<table>
<tr><td>**Küche**
★ ★ ★</td><td>**Ambiente**
★ ★ ★</td></tr>
</table>

7, rue Paul-Baudry
(8e)
Tel. 43.59.47.28
Métro:
St.-Philippe-
du-Roule
Geschlossen:
Samstag mittag
und Sonntag

In der Mitte der berühmten Champs-Elysées, dort wo sie eher einer Fast-Food-Messe ähnelt als einer Prachtstraße, befindet sich die Galerie Point-Show, eine von mehreren fast identischen Ladenstraßen. Man geht hinein, kommt an der Rückseite in der rue de Ponthieu heraus und ist in einer anderen Welt. Kleine Geschäfte, weit von dem

*Das Doucette Elysées
– ein gemütliches
Bistro im alten Paris.*

grell beleuchteten Tinnef entfernt, schmale Gehwege, falsch parkende Autos – die Normalität der Stadt Paris. Dem Ausgang der Galerie gegenüber beginnt die rue Paul-Baudry. Das Doucette Elysées ist ein Eckbistro mit großen, grünen Markisen über den Fenstern. Der erste

Viele Bilder und bunte Jugendstillampen sorgen für Atmosphäre.

Blick ins Innere sagt: Hier ist's gemütlich. Das liegt einmal an der etwas verschachtelten Anordnung der Tische sowie an den vielen Bildern und den bunten Jugendstillampen. Die sind ebensowenig echt wie der Manet und das Bild der Lempicka. Auch das bunte Mobiliar stammt eher vom Trödler als aus dem Antiquitätenhandel. Aber es ist alles recht effektiv plaziert und macht einen durchaus properen Eindruck. Neben den üblichen kleinen Bistrotischen gibt es drei runde Tische, an denen vier und auch sechs Personen komfortabel essen können.

Im Doucette Elysées verkehren die schicken jungen Leute, die zweite Yuppie-Generation, die das gute Leben etwas gelassener angehen als ihre Vorgänger. Gut leben kann man hier tatsächlich, denn der Service, vom Patron Philippe Chelay hinter der Holztheke am Eingang überwacht, ist flink und freundlich, die Küche höchst zufriedenstellend. Die Salate sind perfekt abgeschmeckt, das (kalte) Fleisch vom Taschenkrebs *(Pavé de tourteaux)* ist frisch und für eine Bistroküche nicht alltäglich. Hervorragend auch das Ragout vom Seeteufel *(Fricassée de lotte)* mit Nudeln, zu dem eine vorzügliche Tomaten-

sauce serviert wird. Klassisch ist die gebratene Hühnerbrust mit Estragon, und die weiße und braune Schokoladenmousse sind von besonderer Güte. Das Weinangebot
ist klein, aber gut ausgewählt.

Schicke Yuppies
schätzen klassische
Speisen.

CHEZ EDGARD

Küche	Ambiente
★	★★★

4, rue Marbeuf (8e)

Tel. 47.20.51.15

Métro: Franklin

D. Roosevelt

Geschlossen:

Sonntag

*Im Chez Edgard
speisen die Politiker.*

Die große Welt zu kleinen Preisen – das könnte als Motto über diesem prominenten Bistro der Prominenz stehen. Letztere rekrutiert sich aus nicht geringeren Herren als den Staatsoberhäuptern der halben Welt, den Bundeskanzlern, Präsidenten und vielen Ministern Europas, die beim Essen extrem konservativ sein müssen, auch wenn sie politisch zu den Progressiven gehören. Daß auch Geschäftsleute und akkreditierte Journalisten hier sitzen – eng an eng, wie in einem Bistro üblich –, ist deshalb kein Wunder. Die Klientel von Edgard ist seriös und verlangt auch von der Küche nichts Extravagantes. In ihr arbeiten sage und schreibe achtundzwanzig Köche; allerdings bringt der Patron, einschließlich der ersten Etage und der kleinen (abhörsicheren?) Privatsalons, zweihundert Gäste unter. Täglich werden an die fünfhundert Essen

*Konservativ, aber
schmackhaft:
Täglich werden
über 500 Essen
aufgetragen.*

aufgetragen, trotzdem hat man keineswegs den Eindruck, in einer Brasserie zu sitzen. Rote Teppiche, rote Wände, rote Vorhänge und rote Decken kontrastieren mit schwarzen Hölzern – eine auch politisch kluge Kombination. Das Personal ist freundlich und aufmerksam, die Speisekarte, ich sagte es schon, konservativ und bistro-

typisch. Täglich gibt es eine ziemlich unübersichtliche Tageskarte, von der man klugerweise seine Auswahl trifft. Das bedeutet noch lange nicht, daß man dadurch in den Genuß von bemerkenswerten Delikatessen käme.

Bei Essern, die ununterbrochen über Geschäfte und Politik reden, spielt es kaum eine Rolle, daß das Wildkaninchenragout zwar nach einer kräftigen Marinade schmeckt, sonst aber strohtrocken ist. Es ist auch nicht wichtig, daß die *Friture d'eperlan* (kleine, ausgebakkene Fischchen) nur zwischen zwölf und halb eins Freude macht; später haben sich die Fischchen zu lange ans Öl gewöhnt. Aber der Salat mit

dem warmen Ziegenkäse wird von einer guten Vinaigrette begleitet, der Rochenflügel ist riesig (wie fast alle Portionen hier) und saftig, die Seezunge ebenfalls. Die Desserts wiederum schmecken beim kleinen Bäcker an der Ecke besser. Doch die gleichzeitig distinguierte und lebhafte Atmosphäre sowie der wohltuend professionelle Ablauf des Essens sind dann doch ein Erlebnis, das man kaum in einem anderen Bistro in Paris findet.

Rote Teppiche, rote Wände, rote Vorhänge und rote Decken kontrastieren mit schwarzen Hölzern.

Chez Edgard: die große Welt zu kleinen Preisen.

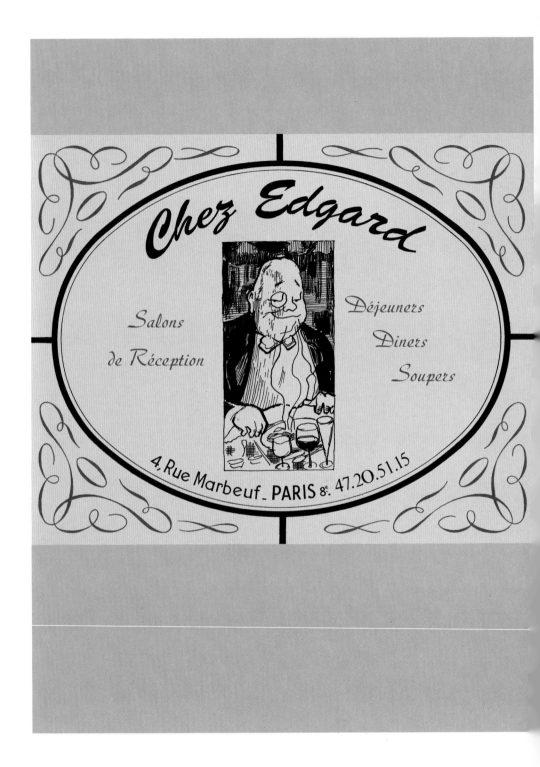

REZEPTE AUS DEM CHEZ EDGARD

Tartare de Saumon

Lachstatar

FÜR 8 PERSONEN

1 kg Lachs

(nach Möglichkeit

schottischer)

Limettensaft

3 gehackte

Schalotten

Den Lachs mit einem scharfen Messer in kleine Würfel schneiden. Die übrigen Zutaten miteinander vermischen und zum Lachs reichen.

50 g gehackter

Schnittlauch

50 g Mayonnaise

1 Msp Harissa oder

Cayennepfeffer

Salz, Pfeffer

Salmis de Rougets aux petits oignons

Rotbarbenragout mit kleinen Zwiebeln

FÜR 4 PERSONEN

4 Rotbarben

(à 300–400 g)

6 kleine neue

Zwiebeln

200 g Rindermark

l Wein

(Cahors/Buzet)

Die Rotbarben filetieren, die Gräten entfernen. Die gehackten Schalotten und Knoblauchzehen in Olivenöl andünsten, mit dem Fischfond ablöschen. Die Gräten dazugeben und mit dem Wein aufgießen. Den Fischsud einkochen lassen. Durch ein Sieb abgießen und den Fischsud zur Demiglace reduzieren, mit Salz und Pfeffer abschmecken. Die Fischfilets kleinschneiden. Die kleinen Zwiebeln schälen und in Butter dünsten. Den Fisch dazugeben und wenige Minuten braten. Auf einem Teller anrichten und mit der Sauce begießen. Mit dem gewürfelten, gekochten Rindermark und Dillzweigen garnieren.

Olivenöl

Schalotten

Knoblauchzehen

½ l Fischfond

Salz, Pfeffer

Dillzweige

Croustade aux pommes
Apfelpastete

10 Äpfel

250 g Zucker

20 g Butter

700 g Blätterteig

Die Äpfel schälen und achteln. Die Butter zerlassen, dann den Zucker dazugeben. Wenn der Zucker karamelisiert, die Äpfel hinzufügen und anbraten. Abseihen und abkühlen lassen.

Vom Blätterteig 100 g abtrennen und beiseite legen. Den Rest halbieren und daraus 2 runde Tortenböden von ca. 24 cm Durchmesser formen. Auf dem einen Teigboden in einer Form die Äpfel verteilen und den Rand mit Eigelb bestreichen. Den zweiten Teigboden darauflegen und die Ränder andrücken. Mit Eigelb bestreichen und mit dem restlichen Teig dekorieren.

Ungefähr 1 Stunde ruhen lassen, dann ca. 20 Minuten im Ofen backen.

JEAN DE CHALOSSE

Küche	Ambiente
★★★★	★★★

*10, rue de
la Trémoille (8e)
Tel. 47.23.53.53
Métro: Alma
Marceau
Geschlossen:
Samstag mittag*

Der unverwüstlich gutgelaunte Gascogner Jean-Charles Diehl hat ein zweites Lokal aufgemacht. Wieder ein Bistro, wieder eher modern und elegant als nostalgisch poliert. Abends tragen die Herren Krawatten; die (falschen) Gallélampen beleuchten dann eine fast festliche Atmosphäre. Doch die Eleganz gehört in diesen Straßen um die Avenue Montaigne zur Grundausstattung, das liegt an den Luxusboutiquen der berühmten Couturiers. Wenn etwas typisch ist für dieses Quartier, dann die Mercedesflotte mit den wartenden Chauffeuren vor dem nur wenige Schritte entfernten Hotel Plaza Athénée. Erfreuli-

Moderner als andere Bistros: das zweite Lokal des Jean-Charles Diehl.

Im Jean de Chalosse gehört die Eleganz zur Grundausstattun

cherweise wird der ganze Chic des Jean de Chalosse zu normalen Bistropreisen geboten, und wunderbarer- weise ist das Gebotene von außerordentlicher Qualität. Wie hier gekocht wird, das möchte ich den Bistro-Stil von morgen nennen. Zwar sind sie alle da, die Favoriten der Bistrofreunde, der Kalbskopf *vinaigrette*, die Kutteln mit Koriander, die Andouillette und der Salat mit den Entenherzen. Aber dann unterscheidet sich jedes Gericht eben doch von der altertümlichen Küche der Mütter und Väter. Für Jean-Charles Diehl kocht ein Enkel. Man muß es ein- fach probieren, wie anders bei ihm die in Himbeeressig marinierten Sardinen-

filets schmecken, welches kulinarische Kunststück er fertigbringt, wenn er dünne rote Paprika mit einer *Brandade* und den Zungen des Kabeljaus füllt; seine Basilikumbutter zum Barsch – kurzum, es sind die Details, die diese Küche deutlich über den Durchschnitt erheben. Der Grundton ist baskisch beeinflußt, aber das Resultat hat eher was mit Neuer Küche zu tun als mit Traditionen. Erstklassiger Ziegenkäse *(Brebis Pierre Harimbat)* aus den Pyrenäen, interessante Weine aus dem Jura. Wenn es das Wetter zuläßt, wird auch an eini- gen Tischen auf dem Trottoir serviert.

Die Antiquitäten sind erlesen, aber auch die Küche liegt über dem Durchschnitt.

Die falschen Gallé-Lampen beleuchten eine fast festliche Atmosphäre.

REZEPTE AUS DEM JEAN DE CHALOSSE

Lièvre à la cuillère

Hasenhacksteak

FÜR 4 PERSONEN

500 g Hasenfleisch
ohne Knochen

125 g Schweinehals

125 g Schweinelende

Hasenklein

15 g Salz

4 g Pfeffer

4 Wacholderbeeren

Kräuter der
Provence

1 dl Cognac

1 dl Weinessig

1½ l Fleischbrühe
(evtl. aus
Brühwürfel)

4 EL Öl

60 g Mehl

Das Hasenfleisch mit dem grob geschnittenen Gemüse, dem Bouquet garni und dem Rotwein in eine tiefe Schüssel geben und über Nacht marinieren lassen.

Die Marinade abgießen. 2 EL Öl in einem Schmortopf erhitzen und das Hasenklein darin bei starker Hitze anbraten, bis es Farbe annimmt. Das Mehl dazugeben, anbräunen und mit etwas Flüssigkeit von der Marinade, mit Essig und Fleischbrühe ablöschen. Zum Kochen bringen, mit Salz und Pfeffer abschmecken und 2 Stunden leise köcheln lassen. Die Sauce durch ein Sieb abgießen und sorgfältig entfetten.

Das marinierte Hasenfleisch, den Schweinehals und die Schweinelende mit dem Messer grob hacken, Salz, Pfeffer, Kräuter der Provence, Wacholderbeeren und Cognac dazugeben und gut vermischen. Mit einem Löffel kleine Steaks formen und in der Pfanne braten.

Auf einem heißen Teller anrichten und mit der entfetteten Sauce begießen. Mit Preiselbeeren, Maronen- und Selleriepüree und in etwas Olivenöl sautierten Spinatstreifen servieren.

FÜR DIE

MARINADE

1 Zwiebel

1 Karotte

3 Knoblauchzehen

1 Bouquet garni

150 cl Rotwein

(Enclave du Pape

R. Sinard Valreas)

der altertümlichen Küche werden die Bistrospeisen der Zukunft gekocht.

Im Vordergrund: Lachsforellentatar »Aquitaine«.

Salmona d'Aquitaine en tartare

Lachsforellentatar »Aquitaine«

FÜR 4 PERSONEN

1,2 kg Lachsforellen

FÜR DIE

MAYONNAISE

50 g Schalotten

20 g feingehackte

Kapern

20 g feingehackte

Essiggurken

5 g grüner Pfeffer

1 Eigelb

1½ TL Senf

Die Lachsforellen filetieren, die Gräten entfernen und 4 schöne Schnitzel aus den Filets schneiden (in Scheiben schneiden wie Räucherlachs). Das restliche Fischfilet mit einem Messer grob hacken.

Aus Öl, Senf und Eigelb eine Mayonnaise herstellen, die feingehackten Schalotten, Kapern und Essiggurken, den grünen Pfeffer, einige Tropfen Tabasco, Sauce Anglaise und Limettensaft darunterrühren. Das grobgehackte Forellenfilet unter die Mayonnaise mischen. Diese Masse gleichmäßig auf die Forellenschnitzel verteilen und die Schnitzel zu Röllchen formen. Salzen und pfeffern und auf Tellern anrichten. Mit Limettenschnitzen dekorieren, mit einer Vinaigrette aus Olivenöl und Limettensaft übergießen und mit Schnittlauchröllchen bestreuen. Dazu getoastetes Landbrot servieren.

4 EL Olivenöl

Tabascosauce

Sauce Anglaise

etwas Limettensaft

Salz, Pfeffer aus

der Mühle

Schnittlauch,

in Röllchen

geschnitten

Olivenöl

4 Limetten

Jean de Chalosse

Crème catalane

Katalanische Creme

FÜR 6 PERSONEN	Die Eigelbe mit dem Zucker verrühren, Milch und Sahne
12 Eigelbe	dazugeben. Die Vanillestangen mit der Messerspitze auf-
230 g Zucker	schlitzen, das Mark herauskratzen und zu der Eigelb-
1 l Schlagsahne	masse geben. Die Masse in kleine Förmchen füllen und
¼ l Milch	bei 100 °C 40 Minuten im Wasserbad backen.
4 Vanillestangen	Die Oberfläche der Creme mit Rohzucker bestreuen und
100 g Rohzucker	unter dem Grill kurz bräunen.

SAVY

Küche	Ambiente
★ ★ ★	★ ★

23, rue Bayard (8e)
Tel. 47.23.46.98
Métro: Franklin-
D.-Roosevelt
oder Alma Marceau
Geschlossen:
Samstag
und Sonntag,
August

So ungefähr könnte es im Speisewagen des alten Orient-Expreß ausgesehen haben. Die Maße jedenfalls entsprechen denen eines Zuges. Das Bistro ist lang, schmal und ein bißchen schummerig, Baujahr 1930. Art-deco-Details an der Decke, bei den Fliesen am Boden, die straff gepolsterten roten Bänke, die Mantelablagen aus Messing über dem Sitzplatz – man ist fast ein wenig überrascht, daß hier kein Lokomotivführer am Herd steht, sondern ein Koch. Noch dazu ein guter Koch. Denn daß die Bistroküche sehr unterschiedlich sein kann, obwohl überall

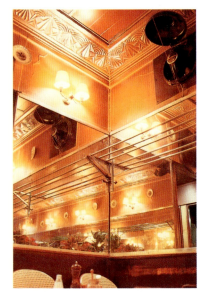

nach den gleichen Rezepten gekocht wird, das ist so deutlich wie der Unterschied zwischen einem Güterzug und dem Orient-Expreß.

Hier ißt man erste Klasse, jedoch zu sehr zivilen Preisen. Der übliche Hering – im Savy ist er leicht angeräuchert, die lauwarmen Kartoffeln sind von der besten Sorte *(la ratte)* –, eine Gemüseboulette, vom Aussehen eher furchteinflößend *(Petit farci Aveyronnais)*, überrascht durch fast delikate

Art-deco-Details an der Decke des Bistros Savy.

Schmackhaftigkeit, der Lammspieß besteht aus bestem Fleisch aus der Keule, und sogar die *Crème caramel* ist vorzüglich. Für eine weitere Überraschung sorgt die Weinkarte: Sie existiert nicht. Sage und schreibe vier Weine gibt es, einen weißen, drei rote. Dazu Gabriel Savy: »Sie sind gut, warum also andere trinken?« Dieser Meinung sind auch die Journalisten vom gegenüberliegen-

*Mitten in Paris:
speisen wie im
Orient-Expreß.*

den RTL und die Besucher der benachbarten großen
Modehäuser. Also trinken sie den Cahors oder den Morgon, und die kalorienbewußten Damen sind dankbar,
daß die große Portion Salat so schön gewürzt ist. Das
Auge gewöhnt sich an die Dunkelheit und vermeidet
das schlingernde Fliesenmotiv am Boden. Der Zug fährt
ab in Richtung Bistroglück. Die Fahrt ist angenehm,
das Ziel schnell erreicht.

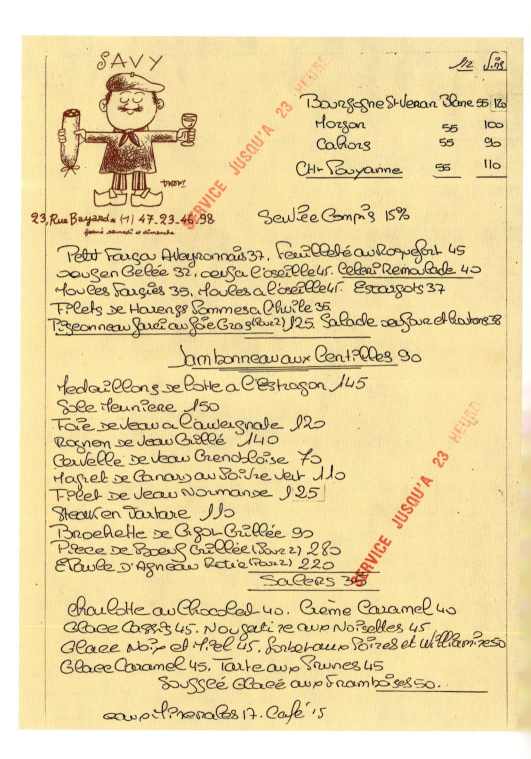

SAVY

112 S.18

Bourgogne St Veran Blanc 55 | 120
Morgon   55   100
Cahors   55   90
Chr Pauyanne   55   110

SERVICE JUSQU'A 23 HEURES

23, Rue Bayard ✶ (1) 47-23-46-98
fermé samedi et dimanche

Service Compris 15%

Petit Farçou Aveyronnais 37. Feuilleté au Roquefort 45
Oeuf en Gelée 32. oeuf à l'oseille 45. Celeri Remoulade 40
Moules Farcies 35. Moules à l'oseille 45. Escargots 37
Filets de Harengs Pommes à l'huile 35.
Pigeonneau farci au foie Gras (Pour 2) 125. Salade de Jour et Lardons 38

Jambonneau aux Lentilles 90

Medaillons de Lotte a l'Estragon 145
Sole Meunière 150
Foie de Veau a l'auvergnate 120
Rognon de Veau Grillé 140
Cervelle de Veau Grenobloise 70
Magret de Canard au Poivre Vert 110
Filet de Veau Normande 125
Steack en Tartare 110
Brochette de Gigot Grillée 90
Pièce de Boeuf Grillée (Pour 2) 280
Epaule d'Agneau Rotie (Pour 2) 220
          Salers 35

Charlotte au Chocolat 40. Crème Caramel 40
Glace Cassis 45. Nougatine aux Noisettes 45
Glace Noix et Miel 45. Sorbet aux Poires et Williamine 50
Glace Caramel 45. Tarte aux Prunes 45
          Soufflé Glacé aux Framboises 50.

eaux Minerales 17. Café 15

SERVICE JUSQU'A 23 HEURES

REZEPTE AUS DEM SAVY

Feuilleté au roquefort

Roquefort im Blätterteig

Crème double

Roquefortbutter

(Roquefort mit der

doppelten Menge

Butter verarbeitet)

Die Crème double einkochen. Mit Roquefortbutter aufschlagen, salzen und pfeffern. Mit gemahlener Muskatnuß abschmecken. Heiße Blätterteigpastetchen mit der heißen Roquefortcreme garnieren.

Salz, Pfeffer

Muskatnuß

Blätterteig-

pastetchen

Im Savy ißt

man erste Klasse,

jedoch zu sehr

zivilen Preisen.

Foie de veau à l'auvergnate

Kalbsleber nach Auvergner Art

Zwiebeln	Kleingehackte Zwiebeln in einer Pfanne andünsten, mit
Butter	etwas Essig ablöschen. Mit Butter aufschlagen, salzen
Essig	und pfeffern.
Salz, Pfeffer	Die Kalbsleber in einer anderen Pfanne in Butter braten
Kalbsleber	und mit den Zwiebeln bedecken.

Charlotte au chocolat

Charlotte mit Schokolade

FÜR 5 BIS 6	Die Butter und die Schokolade zusammen in einem Topf
PERSONEN	schmelzen. Die Eigelbe mit dem Zucker schaumig schla-
200 g Schokolade	gen und unter die Schokoladenbutter ziehen. Die Eiweiße
160 g Butter	steif schlagen, dabei nach der Hälfte der Zeit etwas Zucker
4 Eigelbe	zugeben. Den Eischnee unter die Schokoladenmasse
10 g Zucker	heben. Eine Charlottenform mit Löffelbiskuits auslegen
8-10 Eiweiße	und diese mit Kirschsirup beträufeln. Die Schokoladen-
Löffelbiskuits	masse in die Form füllen und für einige Stunden kalt
Kirschsirup	stellen.

CARTET

Küche	Ambiente
★ ★ ★	★

62, rue de Malte

(11e)

Tel. 48.05.17.65

Métro: République

Geschlossen:

Samstag und

Sonntag

Ein Pariser Freund sagte mir einmal: »Das einzig Interessante an der Place de la République ist Madame Cartet.« Ich halte das für ein wenig ungerecht gegenüber dem lebhaften Platz, der zugegebenermaßen nicht den Charme anderer Plätze von Paris hat. Nun liegt die Bemerkung schon Jahrzehnte zurück; Madame Cartet hat sich längst zurückgezogen und ihr Mini-Bistro ihren freundlichen Nachfolgern überlassen. Aber immer noch heißt es Cartet, und immer noch verzeichnet die kleine Speisekarte all die Spezialitäten, die Madame Cartet damals bekannt gemacht haben. Und ich muß gestehen, daß es mir bei Madame und Monsieur Nouaille mindestens so gut schmeckt wie damals bei Madame Cartet. Woraus zu schließen wäre, daß das Interessanteste an der Place de la République immer noch... Was dieses kleine Bistro so ungewöhnlich macht, ist die Qualität der Wie-bei-Muttern-Küche. Hier existiert nicht der bekannte Katalog der Hausmannskost à la Lyon wie in fast allen anderen Bistros, hier wird wirklich so gekocht, wie zu Hause in den Familien gekocht wird. Also höchst einfach, sehr herzhaft und ohne jegliche Verzierung. Der Kartoffelgratin wird in einer großen Form gebacken, und wo er zu einem Gericht gehört, eilt Madame Nouaille an den Tisch und verteilt einen großzügigen Schlag. Die Stockfischpaste *(Brandade de Morue)* ist wunderbar cremig, *Quenelles de brochet* (Hechtklöße) sind hier ein einzi-

Cartet – klein, aber gemütlich: das Bistro der Madame Cartet.

ger großer Kloß, herrlich locker mit klassischer *Sauce Nantua*; die *Terrine de Provence* ein Meisterstück der Charcuterie; die Lammkeule und das gekochte Rindfleisch *(Bœuf à la ficelle)* sind innen noch sehr rot (dazu wird grober Pfeffer auf den Tisch gestellt). Das Kalbskotelett mit Morcheln oder die Lammfüße in einer Eiersauce *(Pieds de mouton sauce Poulette)* und andere Deftigkeiten –

Im Cartet wird wie zu Hause bei Muttern gekocht.

hier schmecken sie so, wie sie in den alten Märchen geschmeckt haben müssen. Nicht anders die Desserts. Da legt Madame von jedem einen Löffel voll oder ein Stück auf den Teller: die Zitronentorte, das Schmalzgebackene, die Windbeutel, die *Crème Caramel* und die Schnee-Eier. Wer hier vom Tisch aufsteht und nicht satt geworden ist, der muß ein Vielfraß sein. Kaum

mehr als zehn verschiedene Weine, aber der Chardonnay aus dem Bugey ist gut, der 1982er Château de Peyrabon hervorragend. Und das alles für wirklich menschenfreundlich niedrige Preise. Da fällt die Tatsache, daß der kleine Raum für die zwanzig Gäste keinerlei Attraktivität besitzt, nicht ins Gewicht. Vielleicht ist er inzwischen sogar renoviert, das jedenfalls hatten sich der Patron und die Patronne vorgenommen, als ich das letzte Mal bei ihnen war.

Die Speisekarte weist kaum mehr als zehn verschiedene Weine aus.

Terrinen sind die Spezialität des Cartet.

REZEPTE AUS DEM CARTET

Terrine de Provence

Provenzalische Pastete

FÜR EINE PASTETE VON 2 kg
750 g Schweinehals
750 g Schweinebrust
500 g Leber
40 g Salz
10 g Pfeffer
50 g Kräuter der Provence
15 dl trockener Weißwein
3 dl Cognac
3 dl Portwein
Schweinenetz zum Abdecken

Hals- und Brustfleisch hacken, die Leber kleinschneiden. Alle Zutaten gut miteinander vermischen.

Eine Pastetenform nach Belieben mit Speckstreifen auslegen. Die Masse in die Form füllen, mit Schweinenetz bedecken.

Im Ofen bei mittlerer Hitze 2 Stunden im Wasserbad garen.

Bœuf à la ficelle

Pochiertes Rinderfilet

FÜR 4 PERSONEN
800 g Rinderfilet
Karotten
Lauch
Zwiebeln
Bouquet garni
Salz, Pfeffer
Markknochen
Rotwein
Schalotten
Kalbsfond

Das Filet von Fett und Sehnen befreien. Aus Karotten, Lauch, Zwiebeln und den Fleischabfällen einen Pot-au-feu aufsetzen, mit Bouquet garni, Salz und Pfeffer würzen und 4 bis 5 Stunden kochen.

Die Markknochen in die Brühe geben und 5 bis 10 Minuten darin kochen, sofort servieren.

Das Filetstück mit Küchengarn umschnüren, um es in Form zu halten, und in der siedenden Bouillon ungefähr 10 Minuten pochieren.

Dazu eine Sauce auf Rotweinbasis reichen:

Schalotten in etwas Butter anschwitzen, mit Rotwein aufgießen und vollständig einkochen. Mit Kalbsfond aufgießen, salzen und pfeffern.

Tarte au citron

Zitronenkuchen

FÜR 6 PERSONEN

FÜR DEN TEIG

200 g Mehl

50 g Zucker

60 g Butter

2 Eier

Die Zutaten für den Teig mit der Hand oder im Mixer vermengen. 3 Stunden ruhen lassen, dann nochmals durcharbeiten. Die Zitronen auspressen. Zitronensaft, etwas abgeriebene Zitronenschale und die übrigen Zutaten für den Belag in einer Schüssel gut miteinander verrühren. Den Teig ausrollen und eine Tortenform damit auslegen. Den Tortenboden bei mittlerer Hitze 4 bis 5 Minuten vorbacken. Die Zitronenmischung daraufgeben und bei mittlerer Hitze ungefähr 15 Minuten backen.

FÜR DEN BELAG

3 Zitronen

10 EL Zucker

3 EL Crème fraîche

5 Eier

CHEZ PHILIPPE

106, rue de
la Folie-Méricourt
(11e)
Tel. 43.57.33.78
Métro: St-Ambroise
Geschlossen:
Samstag und
Sonntag,
August

Halbhungrige und Magenschwache, die Ihr hier eintretet, lasset alle Hoffnung fahren! Dies ist *die* Adresse für unersättliche Vielfraße. Diätbewußte Damen oder anämische Kinder werden das Lokal verstört verlassen. Die Stammgäste jedoch kommen vor allem wegen einer, wegen *der* herausragenden Spezialität dieses Bistros: es sind die übervollen Teller und die riesigen Portionen. Egal, ob ich hier eine *Pipérade* bestelle, dieses mit Rührei vermischte Junggesellenessen aus Paprika und Tomaten, ob ich mit einem *Jambon persilé* mein Essen beginnen will – es wird sich in jedem Fall um eine Portion handeln, die ausreicht, eine normal hungrige vierköpfige Familie zu sättigen. Die danach folgenden Hauptgerichte sind noch furchteinflößender. Wo sonst eine Wachtel mit etwas Sauce genügt, müssen es hier zwei sein, und sie haben die Größe von Tauben! Dazu ein Berg - ein Himalaya! - von Kartoffeln und Pilzen. Die Kalbsleber würde einen Tiger friedlich stimmen, und eine weitere Spezialität des Hauses, die *Paella Valenciana*, ist schier unermeßlich in ihrem Umfang.

Chez Philippe –
die richtige Adresse
für hungrige
Feinschmecker.

Besonders die Rot-
weinfreunde komme
auf ihre Kosten.

Solche Orgien der Gefräßigkeit wären nicht weiter erwähnenswert, schon gar nicht in diesem Stadtteil, wenn sie nicht alle das Prädikat »solide« verdienten, womit ihre wohltuend kräftige Würzung gemeint ist, die Verarbei-

tung von durchaus guten Produkten sowie der weitge-
hende Verzicht auf Fett. Natürlich widerspräche es dem
Geist des Hauses, unter den Gerichten nach raffinierteren
Kreationen zu suchen; Verfeinerung ist hier ein unbe-
kanntes Wort. Mit einer Ausnahme: Die hausgemachte
Entenleberterrine *(Foie gras de canard naturel)* ist
von einer Delikatesse, die eines Gourmet-Tempels würdig
wäre. Der Patron wiegt nur geheimnisvoll den Kopf,
wenn man ihn nach dem Rezept fragt.

Die Einrichtung des Chez Philippe ist bunt und üppig.

Zu den weiteren Bomben dieser Küche gehören das
Cassoulet mit Gänsefleisch und alle kurzgebratenen
Stücke vom Rind, die hier – man kann es nicht anders
sagen – amerikanische Ausmaße haben. Die Desserts
sind vorgefertigt und taugen wenig. Bei den Weinen gibt
es unter den roten einen Cahors, einen Madiran und
einen Gaillac, die der Deftigkeit der Küche angemessen
sind, aber auch hochwertige Burgunder und gute
Bordeaux. Für Weißweinfreunde ist weniger gut gesorgt.
Das Lokal ist auf eine ähnliche Art und Weise überdeko-
riert, wie die Portionen überdimensional sind. Von Kut-
scherlampen, Hirschgeweihen, Stierkampfplakaten und
Urkunden an den Wänden der beiden ineinander überge-
henden Räume, über bunte Tapeten, Deckenbalken und
Wagenräderlampen ist alles vorhanden, was bunt macht.
Exzellente Käseplatte und ein erstaunlich seriöses und
schlankes Publikum. Abends nimmt der Besucher tun-
lichst ein Taxi, da die Umgebung östlich der Place de la
République nicht gerade zu den fröhlich-freundlichen
Quartieren der Stadt zählt.

Auberge Pyrénées-Cévennes

Le Pot de Foie Gras (3 ou 4 pers.) 480 _ Le Foie Gras de Canard au Naturel 95
Les Cochonnailles de Pays 50 _ Les 12 Escargots de Bourgogne 70
La Caille Confite au Foie Gras 50. Ses Crudités 50. La Piperade Basquaise 60
La Terrine à l'Armagnac 45. Le Pâté de l'Auberge 40. Les Harengs Bismark 50
Le Jambon Persillé de Bourgogne 45 _ Le Jambon de Bayonne 60

_____ Les 6 Huitres de Claires "Spéciales N°2" 60 _____

La Langouste au Porto (mini 2 pers.) ou Froide Mayonnaise 550 /kg
La Sole Belle Meunière 150 _ Les Suprêmes de Turbot Sugleré 170
Le Saumon d'Écosse Grillé Béarnaise 140 _ Le Bar au Four (2 pers.) 390
Les Moules de Bouchots au Chardonnay 60. Les Noix de St Jacques Provençale 140

Le Coquelet Grillé à l'Américaine 110

Le Cassoulet d'Oie Toulousain 110.

La Paire de Cailles aux Grisets 95. Le Coq au Vin Bourguignon 110
Le Rognon de Veau en Cocotte 150 _ Les Ris de Veau Pinigara 170
La Brochette de Rognons d'Agneau 95. La Côte de Bœuf Mde de Vins (2 pers.) 390
Le Cœur de Filet Grillé Béarnaise 160. Le Steak au Poivre Vert 180.
Le Confit d'Oie "Auberge" 150 _ La Paella Valenciana 110

_____ Salade Verte 40 _____ Frisée aux Lardons 55 _____ Plateau de Fromages 50

Les Profiteroles Glacées Sauce Chocolat 55. Les Pâtisseries de l'Auberge 40
La Mousse au Chocolat 40. Glaces: Vanille, Café, Malaga, Caramel 40
La Crème Caramel 40. Sorbets: Cassis, Citron 40. Vacherin Praliné 40
Ananas Frais au Kirsch 55

_____ Prix Nets, service 15% compris

Chez Philippe 106 rue de la Folie-Méricourt Paris XI téléphone 43.57.33.78

REZEPTE AUS DEM
CHEZ PHILIPPE

Paella

Paella

FÜR 8 PERSONEN

Das Olivenöl in einem großen Topf erhitzen. Die gehackten Zwiebeln, die kleingeschnittenen Paprikaschoten und die geviertelten Tomaten dazugeben und 30 Minuten dünsten.

Die Hühnchen und das in Stücke geschnittene Schweinefleisch goldbraun braten und auf das Gemüse geben. Meeraal und Tintenfische in Scheiben schneiden, zusammen mit den Muscheln und der kleingeschnittenen Chorizo ebenfalls zum Gemüse geben, fertig garen und mit Salz und Pfeffer abschmecken.

Den Safranreis separat kochen.

Den Reis zu der Gemüsemischung geben und gut umrühren. Die in Essigwasser gekochten (4 Minuten) Langustinen dazugeben.

1,5 kg dicke Rippe vom Schwein
2 Hühnchen (1,2 kg)
150 g Chorizo (scharf gewürzte Knoblauchwurst)
2 kg spanische Miesmuscheln
1 kg Meeraal
1 kg Tintenfische
450 g Reis
8 Langustinen
10 g Safran
2 Paprikaschoten
1,5 kg Tomaten
3 Zwiebeln
Olivenöl
Salz, Pfeffer

Chez Philippe: eine Adresse für unersättliche Vielfraße.

Le cassoulet toulousain

Toulouser Eintopf

FÜR 6 BIS 8	Die Bohnen am Vortag einweichen.
PERSONEN	Die Bohnen mit den Tomaten, drei Karotten, einer
1,5 kg Dicke Rippe	gespickten Zwiebel, einem Bouquet garni und der in
vom Schwein	Scheiben geschnittenen Schwarte kochen.
1,2 kg Toulouser	Das Schweinefleisch anbraten, mit Mehl bestäuben. Die
Wurst	restlichen Karotten und Zwiebeln und das Bouquet garni
3-4 Stücke Gänse-	dazugeben. Mit Weißwein und Wasser aufgießen, bis alles
confit, halbiert	bedeckt ist, und ungefähr 2 Stunden kochen.
2 EL Mehl	Die Toulouser Wurst in einer Pfanne bräunen.
200 g Schwarte	Einen großen gußeisernen Topf oder Tontopf mit der
3 kg weiße Bohnen	Knoblauchzehe einreiben. Den Boden des Topfes mit
6 Karotten	Bohnen bedecken. Schweinefleisch, Wurst und Gänse-
3 mit Gewürznelken	confit auf den Bohnen verteilen. Die restlichen Bohnen
gespickte Zwiebeln	und die Schwarte darübergeben. Mit dem Schweine-
2 Bouquets garni	fleischsud begießen und im Ofen 1 Stunde köcheln las-
1 Knoblauchzehe	sen. Falls sich eine Kruste bilden sollte, diese mit einer
125 g Tomatenmark	Gabel eindrücken. Zum Schluß für eine schöne Kruste
(aus der Dose)	mit Paniermehl bestreuen.

La piperade basquaise
Baskisches Pfannengericht

FÜR 6 PERSONEN

2 große Zwiebeln

3 grüne Paprika-
schoten

5 große Tomaten

2 Knoblauchzehen

1 Chorizo

à 300–400 g

(scharf gewürzte

Knoblauchwurst)

Das Öl in einer Pfanne erhitzen. Nacheinander die gehackten Zwiebeln, die in Streifen geschnittenen Paprikaschoten und die geviertelten Tomaten dazugeben. Salzen und pfeffern und 30 Minuten dünsten. Gegen Ende der Garzeit die zerdrückten Knoblauchzehen dazugeben. Das Gemüse in eine Schüssel geben. Die in Scheiben geschnittene Chorizo und die leicht verquirlten Eier dazugeben und gut verrühren.

In einer eingefetteten Pfanne bei starker Hitze wie Rühreier braten.

Auf einem Teller anrichten und mit den heißen, übergrillten Schinkenscheiben servieren.

3 dicke Scheiben

Bayonne-Schinken

12 Eier

2 EL Öl

Salz, Pfeffer

A SOUSCEYRAC

Küche	Ambiente
★ ★ ★	★ ★ ★

35, rue Faidherbe

(11e)

Tel. 43.71.65.30

Métro:

Faidherbe Chaligny

Geschlossen:

Samstag und

Sonntag,

August

In einer nicht gerade eleganten Gegend von Paris, östlich der Bastille, liegt dieser Treffpunkt der seriösen Bistrofreunde. Man könnte auch sagen: der Freunde des seriösen Bistros. Denn A Sousceyrac ist in dieser etwas angegammelten, wenn auch neuerdings modisch gewordenen Umgebung wie ein Relikt aus einer vergangenen

A Sousceyrac: ein Treffpunkt der seriösen Bistrofreunde.

Zeit, als die Menschen noch ins Restaurant gingen, um neben dem Essen der Kommunikation zu pflegen oder, wie wir das heute nennen, zu quasseln und den lieben Gott einen guten Mann sein zu lassen. Der Mittagsgast hat die zusätzliche Möglichkeit, sich über den Wohngeschmack seiner Mitmenschen zu informieren, indem er an der Place de la Bastille die Métro verläßt und die letzten dreißig Minuten zu Fuß geht. Die Anhäufung von Protzmöbeln in den vielen Fachgeschäften der rue du Faubourg de Saint-Antoine ist zwerchfellerschütternd. Der daran anschließende Markt an der Kreuzung rue d'Aligre sorgt, wie jeder Pariser Straßenmarkt, für die richtige Einstimmung aufs Essen. Im A Sousceyrac kann man auch auf einer sogenannten Terrasse sitzen, also abgeschirmt von den Passanten, aber dennoch auf dem Bürgersteig.

Gemütlich und solide: die Einrichtung des A Sousceyrac.

Innen herrscht jene Gediegenheit vor, die wir traditionell-altdeutsch nennen, auch wenn sie bei uns nicht mehr existiert: halbhohe Holztäfelung, Zinngeschirr in einem Regal, altväterliche Schränke mit Kristallkaraffen, Urkunden und alte Photos an den Wänden, braune Kunstlederbänke und weiße Tischwäsche. Der vorherrschende Eindruck ist Gemütlichkeit und Solidität. Auch die Gäste entsprechen diesem Bild: keine Stadtneurotiker, sondern gestandene Bürger, die zum Kaffee lange Havannas rauchen. Der Patron tut ein übriges, um den Erwartungen seiner Gäste entgegenzukommen. Er trägt eine hohe Kochmütze und nimmt selbst die Bestellungen auf. Die Speisekarte verzeichnet vorwiegend die schlichten Freuden der Bistroküche: gegrillter Schweinsfuß, *Andouillette, Cassoulet,* Entenherzen, Kochwurst mit Morchelsauce. Gleichzeitig besteht aber auch die Möglichkeit, feine Jakobsmuscheln, Trüffelsalat, hausgemachte *Foie gras* oder ein Filet vom Angus-Rind zu essen. Gabriel Asfaux, der Patron, scheut sich nicht, in die Regionen der anspruchsvollen Küche vorzudringen. Das macht bei manchen Gerichten Sinn, bei anderen wiederum nicht. Letzten Endes ist seine Küche derb und schlicht. Ihre Stärke ist die Qualität der verwendeten Produkte, ihre Schwäche das manchmal fehlende Gewürz. Die Weinkarte ist außergewöhnlich. Der *Château Montus* 1985, ein roter *Madiran* aus dem Südwesten Frankreichs, sowie ein *Côte de Buzet Napoléon* aus dem gleichen Jahr, für je 110 Francs sind ein kleines Geschenk.

Traditionell-altdeutsche Gediegenheit herrscht vor.

Der Patron nimmt selber die Bestellungen auf.

REZEPTE AUS DEM A SOUSCEYRAC
La macaronade
Überbackene Makkaroni mit Entenleber

Dieses Rezept kann auf eine alte Tradition zurückblicken, wurde im Laufe der Jahre jedoch etwas abgeändert. Ursprünglich bereiteten die Köche aus dem Südwesten Frankreichs das Gericht folgendermaßen zu: Sie brieten rohe Entenleberscheiben und servierten sie auf Kartoffeln, die in dünne Scheiben geschnitten wurden, oder auf Salat. Auf diese Weise blieb in der Pfanne immer das Fett der Entenleber zurück, und dieses vermischte man mit Makkaroni und einigen Steinpilzen.

Heute bereitet man das Rezept auf folgende Art zu: Wasser mit Salz und etwas Öl zum Kochen bringen. Die Makkaroni 2 bis 3 Minuten sprudelnd kochen, zudecken, vom Feuer nehmen und 7 bis 8 Minuten ausquellen lassen. Anschließend die Entenleberscheiben in einer breiten Pfanne anbraten, salzen, pfeffern und leicht mit Mehl bestäuben. Auf Küchenkrepp legen und beiseite stellen. Die Nudeln in das Bratfett geben, die zuvor sautierten Steinpilze, die in feine Streifen geschnittene Trüffel und die Crème fraîche hinzufügen. Vorsichtig durchrühren und abschmecken.

Die 2 Eigelbe mit dem Trüffelsaft in eine kleine Kasserolle geben. Im Wasserbad mit dem Schneebesen aufschlagen, bis die Masse schön schaumig ist, dann sofort unter die Makkaroni mischen.

FÜR 8 PERSONEN
500 g Entenleber
400 g frische Steinpilze
1 Trüffel (nach Belieben)
1 EL Crème fraîche
2 Eigelbe
10 cl Trüffelsaft
500 g Makkaroni
Salz, Pfeffer aus der Mühle

Die Makkaroni auf Tellern anrichten, die Entenleber daraufgeben und kurz unter den Grill schieben.

Als Weine werden empfohlen: Hermitage, Savigny les
Beaunes, Madiran.

Pannequet de charolais à la quercynoise
Rinderfilet à la Quercynoise

Dieses Gericht ist sowohl für Liebhaber von Rindfleisch
gedacht als auch für Freunde der raffinierten Küche.

FÜR 8 PERSONEN
8 Rinderfilets
à 150 g
2 Entenbrüste,
ohne Haut
400 g Steinpilze
1 kleine Dose Enten-
leberpastete (125 g)
2 Eigelbe
1 l Demiglace
(verfeinerte braune
Grundsauce)

400 g kleine
Champignons
½ l Crème fraîche
Zitronensaft
Kerbelblättchen
½ l Trüffelsaft
Salz, Pfeffer aus
der Mühle

Die beiden Entenbrüste in Gänseschmalz braten (ungefähr 2 bis 3 Minuten), sie sollen eine schöne Farbe annehmen, innen aber noch blutig sein. Beiseite stellen.
Die Champignons in kleine Würfel schneiden und in
einen Topf geben. Zitronensaft und Crème fraîche dazugeben, salzen und pfeffern und einkochen, bis alle Flüssigkeit verdampft ist. Vom Feuer nehmen, die Entenleber-
pastete und die Eigelbe unterrühren.

Die Rinderfilets in der Mitte durch-, aber nicht ganz aus-
einanderschneiden. Auseinanderklappen und flachklop-
fen, salzen und pfeffern. Die Entenbrüste der Länge nach
in 8 Scheiben schneiden. Auf jede Scheibe einen Löffel der
Champignonmasse geben und die Entenbrust aufrollen.
Auf jedes Rinderfilet eine so zubereitete Entenbrust setzen, zusammenklappen und mit Küchengarn umwik-
keln. Die Rinderfilets in einer Schmorpfanne in einer
Mischung aus Butter und Öl in 4 bis 5 Minuten von allen
Seiten anbraten.

Den Trüffelsaft einkochen, die Demiglace hinzufügen und kurz vor dem Servieren mit einigen frischen Butterflöckchen aufschlagen.

Das Rinderfilet auf Tellern anrichten, mit den sautierten Steinpilzen umgeben und mit der Trüffelsauce begießen. Mit Kerbelblättchen garnieren.

Ihr Gericht ist gelungen, wenn das Rinderfilet noch blutig ist, die Entenbrust à point und die Champignons heiß sind.

Als Weine werden empfohlen: Cahors, Pomerol, Cornas.

Crème brûlée »Delice de privat«

Vanillecreme

FÜR 8 PERSONEN

10 Eigelbe

200 g Zucker

¼ l Milch

2 Vanillestangen

750 g Sahne

150 g gehackte

Walnüsse

einige Tropfen

Nußschalen-

branntwein

Die Eigelbe mit dem Zucker schaumig schlagen, die heiße Milch mit dem Mark der Vanillestangen unterrühren.

Sahne, gehackte Nüsse und einige Tropfen Nußschalenbranntwein dazugeben.

Auf kleine Schälchen verteilen und bei 85–90 °C im Ofen im Wasserbad ungefähr 1 Stunde garen.

3 bis 4 Stunden abkühlen lassen.

Mit Zucker bestreuen und kurz unter den Grill schieben, bis der Zucker karamelisiert.

Mit Mandelplätzchen servieren.

Als Weine werden empfohlen: Sauternes, Coteaux du Layon.

LE PETIT MARGUERY

Küche	Ambiente
★★★★	★★★★

9, bd de Port-Royal

(13e)

Tel. 43.31.58.59

Métro: Les Gobelins

Geschlossen:

Sonntag

und Montag,

August,

24. Dezember

bis 2. Januar

Der Boulevard de Port-Royal ist die Verlängerung des Boulevard Montparnasse über den Boulevard Saint-Michel hinaus; er führt also in eine wenig touristische Gegend. Zudem liegt das Bistro am Ende des Boulevards, an der Kreuzung Avenue des Gobelins. Mit anderen Worten, hier gibt es keine Zufallsgäste; wer hier einen Tisch bestellt, der weiß, warum. Die Erklärung liegt gleichermaßen in dem hübschen Ambiente wie in der Küche. Ersteres ist reines Bistro-Dekor aus der Zeit der Jahrhundertwende, mit Geschick und unauffällig restauriert. Wie

Le Petit Marguery liegt am Ende des Boulevards de Port-Royal.

da die roten Polster mit dem braunen Holz und den grünen Säulen harmonieren, das verrät den erfahrenen Innenarchitekten; die noblen Toiletten zeugen vom Bestreben der Inhaber, die Gäste zu verwöhnen. Diese Inhaber sind drei Brüder, überaus freundliche Herren.

Zwei stehen in der Küche (Michel und Jacques Cousin),
während der rundköpfige Alain seine gute Laune bei den
Gästen im kleinen Saal wirken läßt. Wenn sie zusammen

Bistro-Dekor aus der Zeit der Jahrhundertwende, mit Geschick und unauffällig restauriert.

auftreten, erwartet man unwillkürlich eine kleine
Gesangsdarbietung.

Was ihre Küche verläßt, ist nicht weniger erstaunlich.
Eine gewisse Erwartung dürfte der Gast schon haben,

Le Petit Marguery: hübsches Ambiente, feine Küche.

wenn er die Speisekarte liest; nicht
zuletzt die Preise lassen ahnen, daß es
hier nicht unbedingt wie im bürgerlichen Bistro zugeht. Auch *amuse
gueule* und zum Kaffee servierte Pra-
linen weisen auf ein gastronomisches
Engagement der Sonderklasse hin. Tatsächlich verraten
die auf großen Tellern angerichteten Speisen den Ehrgeiz
der Brüder Cousin, ihr Bistro zu einem Feinschmecker-
lokal zu machen. Zwar finden sich auf der handgeschrie-
benen Karte durchaus einige Klassiker der Bistroküche,
wie die Makrele und der Salat mit Entenmägen. Aber letz-
terer enthält zusätzlich noch Artischockenböden und
Foie gras, während die Makrele hauchdünn geschnitten

Inhaber und Kellnerschaft sind bestrebt, die Gäste zu verwöhnen.

ist und, delikat mariniert, fast japanisch anmutet. In Wirsing eingepackte, leicht angeräucherte Lachsschnitzel, ein meisterhaftes *Fricassée* vom Kaninchen mit Pfifferlingen, ungewöhnlich feine Stücke vom Rochen sind weitere Zeugen für den großen Ehrgeiz. Dem hohen Niveau entsprechen die vorzüglichen Desserts, und schließlich ist auch die Weinkarte ein Indiz für den Anspruch, mit dem die freundlichen Brüder ihr Bistro führen. Wie gut zum Beispiel ihr weißer Sancerre ist, wird einem klar, wenn man sich an die vielen mediokren Sancerres erinnert, die allgemein ausgeschenkt werden.

Dem hohen Niveau der Küche entspricht auch die vorzügliche Käseauswahl.

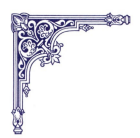

REZEPTE AUS DEM
PETIT MARGUERY

Raviole de langoustines aux épices douces

Ravioli mit Garnelen

FÜR 4 PERSONEN

24 Garnelen-
schwänze
ohne Schale
500 g gekochter
Spinat
1 TL Curry

1 dl Crème fraîche
1 Eigelb
2 Tomaten, gekocht
und halbiert
24 kleine Crêpes
Olivenöl

Den Ofen auf 220 °C vorheizen.

Die Crêpes ausbreiten, mit Spinat und den Garnelen-schwänzen garnieren, zusammenklappen und die Ränder andrücken. Mit Olivenöl bestreichen und ca. 5 Minuten im Ofen überbacken.

Die Sahne mit dem Curry aufkochen, das Eigelb hinzufügen, nicht mehr kochen lassen.

Auf vorgewärmten Tellern anrichten, mit den Tomaten garnieren.

Selle d'agneau

Lammrücken

FÜR 4 PERSONEN
1 Lammrücken
3 schöne Auberginen
2 große Zwiebeln
1 Karotte
4 Knoblauchzehen
4 Tomaten
1 kleine Sellerie-
stange
Olivenöl
1 Bouquet garni
1 EL Tomatenmark
einige Basilikum-
blätter

Die Lammschulter entbeinen, Fett und Adern entfernen. Das Fleisch zusammenrollen und mit Küchengarn festbinden.

Die Knochen kleinhacken und in einem Topf mit einer gehackten Zwiebel und einer Knoblauchzehe in etwas Öl anbräunen. Karotte, Selleriestange, Bouquet garni und Tomatenmark hinzufügen und mit Wasser aufgießen. Eine gute Stunde kochen lassen.

Die Auberginen schälen und würfeln. In einer Pfanne mit etwas Olivenöl anbraten und leicht salzen.

Die Tomaten waschen und in Würfel schneiden. Die zweite gehackte Zwiebel und die drei durchgepreßten Knoblauchzehen in Olivenöl andünsten, die Tomaten, die abgetropften Auberginen hinzufügen und 10 Minuten kochen lassen. Mit Salz und Pfeffer abschmecken und in kleine ofenfeste Formen füllen.

30 Minuten vor Ende der Garzeit das Fleisch in einem gußeisernen Topf kräftig anbraten, für 20 Minuten in

den Ofen geben, dann herausnehmen und noch weitere 10 Minuten ruhen lassen. Den Fond entfetten, mit der Knochenbrühe aufgießen und einkochen.

Vor dem Servieren das Küchengarn entfernen und das Fleisch in Nüßchen schneiden. Das Auberginengemüse auf die vorgewärmten Teller geben und die Lammnüßchen daraufsetzen. Die Basilikumblätter in feine Streifen schneiden, den Lammjus darübergeben und über die Lammnüßchen gießen.

Crème aux fruits rouges
Beerenkaltschale

FÜR 4 PERSONEN
200 g Fromage blanc
oder Quark
100 g Honig
200 g steifgeschla-
gene Sahne

Ofenfeste Förmchen mit Erdbeeren auslegen. Den Honig mit dem Fromage blanc gut vermischen, die steifgeschlagene Sahne darunterheben und in die Förmchen füllen. Für mindestens 5 Stunden in den Kühlschrank stellen.

Erdbeeren oder
Himbeeren je nach
Belieben

Die restlichen Beeren pürieren. Die Kaltschale auf Teller stürzen, mit dem Fruchtmark umgeben und mit Pfefferminzblättern und anderen Früchten garnieren.

Le petit Marguery
Les frères Cousin

Menu du **15 Septembre 1989**   Prix net

Saumon frais mariné à la suédoise 70
Maquereau frais mariné au poivre vert 35
Salade tiède de gésiers, magret fumé, foie gras et artichaut 80
Salade gourmande de homard 130 - Fromage de tête maison 45
Petit homard « Breton » rôti avec son coulis 170
Cassolette d'escargots de bourgogne aux champignons 45
Terrine de volaille au foie gras et coriandre 60
Foie gras frais de canard maison 100 "le verre de sauternes" 30
Perles de melon glacé au sauternes 60
Poêlée de cèpes frais bordelaise 170

Raie rôtie au verjus et muscat 100
Escalope de saumon légèrement fumée en feuille de chou 110
Délices de sole farcis, aux écrevisses 150
Dos de morue fraîche aux épices 100
Délices de Saint Pierre aux girolles fraîches 160

Rosette d'agneau au basilic et gâteau d'aubergine 110
Fricassée de lapereau aux girolles fraîches 170
Aiguillette de canard aux figues et raisins frais 100
Canard sauvage au chou vert croquant lié au foie gras 120
Ris de veau à la crème de fines herbes 120
Pintadeau fermier aux cèpes frais 120
Foie de veau poêlé au vinaigre de xérès 100
Filet de boeuf au poivre vert 120
Rognon de veau bordelaise 90

Le plateau de fromages 38

L'ÉCHANSON

Küche	Ambiente
★ ★	★ ★

89, rue
Daguerre (14e)
Tel. 43.22.20.00
Métro: Gaîte
Geschlossen:
Montag mittag
und Sonntag,
August

*L'Échanson – ein
Szenelokal der
jungen Franzosen.*

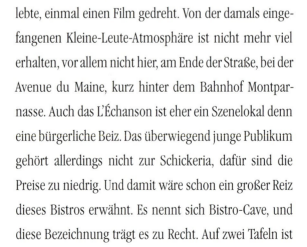

Über die rue Daguerre hat Agnès Varda, die dort lange
lebte, einmal einen Film gedreht. Von der damals einge-
fangenen Kleine-Leute-Atmosphäre ist nicht mehr viel
erhalten, vor allem nicht hier, am Ende der Straße, bei der
Avenue du Maine, kurz hinter dem Bahnhof Montparnasse. Auch das L'Échanson ist eher ein Szenelokal denn
eine bürgerliche Beiz. Das überwiegend junge Publikum
gehört allerdings nicht zur Schickeria, dafür sind die
Preise zu niedrig. Und damit wäre schon ein großer Reiz
dieses Bistros erwähnt. Es nennt sich Bistro-Cave, und
diese Bezeichnung trägt es zu Recht. Auf zwei Tafeln ist

mit Kreide angekündigt, welche Weine heute glasweise
ausgeschenkt werden; ein Kellerbuch verzeichnet darüber hinaus eine erstaunliche Anzahl mit Sorgfalt ausge-
suchter Flaschen aus allen Regionen Frankreichs. Die
Speisekarte besteht ebenfalls aus zwei hoch an den Wänden hängenden Tafeln, auf denen man Erstaunliches
lesen kann: Lachs mit Honig und Ingwer, Entenflügel
mit Curry, Courgetten-Flan, *Brandade* vom Kabeljau,
Crème brûlée und andere Leckereien, die nicht unbedingt typisch für ein Bistro sind. Zwar fehlt auch hier
der Salat aus Entenherzen nicht oder ein ebenso rusti-

Auf einer Tafel steht, welche Weine glasweise ausgeschenkt werden.

kales (aber vorzügliches) Ragout von Entenmägen und
-lebern in einer leichten Sahnesauce. Leicht wird hier
generell gekocht, von der alten Bistro-Deftigkeit kann
keine Rede sein. Ich habe bei vielen Gerichten festge-
stellt, daß sich die beiden Burschen
am Herd große Mühe geben, eine
moderne Küche zu bieten. Das merkt
man auch und vor allem an den Garzeiten, die präzise überwacht werden,
so daß hier kein Gemüse matschig und

kein Fleisch trocken ist. Wenn es dennoch zu nicht mehr
als zwei Punkten reicht, so liegt das nur an einer Schwäche: zuwenig Salz und zuwenig Pfeffer. Eine Prise mehr,
und das L'Échanson wäre eine kulinarische Sensation.
Ähnliches läßt sich über das Dekor sagen. Eisenbahn-
bänke an den Wänden, Gepäcknetze, ein großes, raumbe-
herrschendes Wandbild und andere nette Details wiegen
die schlichten Stühle aus dem Wartesaal dritter Klasse

Das Angebot weist erlesene Weine aus allen Regionen Frankreichs aus.

und die sehr kleinen Tische auf. Wenn da nur nicht die (abends) so fahle Beleuchtung wäre, die von zwei hoch angebrachten, umgebauten Gaslampen ausgeht und nicht gerade stimmungsfördernd ist. So ist dieses Bistro-Cave trotz des ungewöhnlichen Weinangebots eher ein stiller Platz für sparsame Zeitgenossen. Im Sommer stehen unter der Markise vor der Tür drei zusätzliche Tische.

Die Küche des Échanson gibt sich große Mühe.

LA FERME SAINTONGEAISE

Küche	Ambiente
★ ★ ★	★

7, rue Boulitte (14e)

Tel. 45.42.46.02

Métro: Plaisance

Geschlossen:

Sonntag

und Feiertage

14. Juli bis

20. August

Die Einrichtung erinnert an einen Bauernhof im südwestlichen Frankreich.

La Ferme Saint-ongeaise des Claude Tourneur – eine außergewöhnliche Adresse für Bistrofreunde.

Das 14. Arrondissement ist von unterschiedlichem Interesse für den Touristen. Da sind die berühmten Cafés wie Dôme, Sélect, Coupole und das turbulente Nachtleben in den umliegenden Straßen. Da ist der Friedhof Montparnasse, der, wie alle Pariser Friedhöfe, die Geschichte der Stadt auf eine melancholische Weise wieder lebendig macht – wenn dieses Paradoxon hier einmal gebraucht werden darf. Der Bahnhof Montparnasse wiederum ist für viele eher ein notwendiges Übel und das berühmte Hochhaus ein Mahnmal für die mangelnde Sensibilität der Städteplaner. Der Rest des Viertels hat wenig Attraktives, wenn man davon absieht, daß hier die Menschen noch so normal leben, wie ein Mensch in Paris überhaupt normal leben kann. Dazu gehört auch, daß

manche Geschäfte in den Marktstraßen noch abends um zehn Uhr geöffnet sind, weil die Lebensqualität höher eingeschätzt wird als der soziale Besitzstand. So ist es auch kein Wunder, daß sich in den kleinen Straßen erstaunlich viele Bistros befinden.

Eine ganz außergewöhnliche Adresse ist die Ferme Saintongeaise, was man mit »südwestfranzösischer Bauernhof« übersetzen kann. Claude Tourneur stammt aus der Charente, und die Erinnerung an die Heimat hat ihn hier im Herzen von Paris so etwas wie eine Bauernküche installieren lassen. Die Einrichtung mit den Holzbalken, dem Bauernschrank, den zum Teil rohen Steinwänden – die stilistische Unbeholfenheit einer Bauernkneipe springt hier geradezu in die Augen. Monsieur selber teilt die Speisekarten aus, nimmt die Bestellungen entgegen, und dabei ist er in seinem Element. Denn notwendigerweise verlangt seine Karte viele Erklärungen: Die aufgeführten Gerichte sind zum größten Teil in Dialekt geschrieben. Also erklärt er wortgewaltig und gutgelaunt, daß sich hinter einer *mouclade* ein Muschelgericht verbirgt, das mit Pineau de Charente, Sahne und Käse hergestellt wird (und allein noch kein Grund für einen Besuch bei ihm wäre). Er beschreibt die lange Kochzeit eines Schweineragouts *(Gigourit)* und nennt das Resultat »ein bißchen deftig«, er schwärmt von der Küche seiner Mutter und

Eine deftige Küche zu erstaunlich günstigen Preisen.

lobt seine eigene. Mit Recht, wie ich finde. Denn so wunderbare Kartoffeln in Brühe und Öl mit Kerbel, wie die zu seinem vorzüglichen Knoblauchkaninchen, findet man nicht alle Tage. Kuttelfreunde sollen wissen, daß die *Fraise de veau* des Monsieur Tourneur einmalig zart und aromatisch sind. Dazu serviert er eine große Knoblauchzehe, die man am Toast abreibt, so man dies wünscht. Ich habe es getan: Von der riesigen Portion Kutteln blieb nichts übrig. Die Küche der Ferme Saintongeaise ist so authentisch, wie sie auf einem Bauernhof nur sein könnte, und darüber hinaus außerordentlich preiswert.

Die Küche der Ferme Saintongeaise: so authentisch, wie sie auf einem Bauernhof nur sein könnte.

LE PÈRE CLAUDE

Küche	Ambiente
★	★

*51, av. de
la Motte-Picquet
(15e)
Tel. 47.34.03.05
Métro:
La Motte-Picquet
Grenelle
oder École Militaire
oder La Tour Mau-
bourg
Kein Ruhetag*

Claude Perraudin hat sein Handwerk bei Bocuse gelernt.

Wirkt wie ein Straßencafé: Le Père Claude.

Auch das gibt es in Paris, daß ein Bistro aussieht wie ein Straßencafé an der Ecke, wie eine profane Brasserie. Hell erleuchtet am Abend durch monströse Lampen, ein großer, halbrunder Tresen, der nicht alt, sondern neu und scheußlich ist, auf den Tischen Papierdecken (aber Servietten aus Leinen), vier verschiedene Sorten Stühle, Rennfahrerphotos – kurzum, von Gemütlichkeit kann keine Rede sein, Bistroatmosphäre würden hier nicht einmal Paris-Novizen entdecken. Und doch hat dieser komische, laute und banale Laden etwas für sich. Es ist die Küche des Patrons, und diese zehrt von seinem guten Ruf. Claude Perraudin war einmal Schüler von Bocuse und Troisgros, und was er dort gelernt hat, kann man manchmal – nicht immer und nicht bei jedem Gericht – ahnen. Die Speisekarte ist bemerkenswert kurz. Da gibt es zwei preiswerte Menüs und eine Handvoll à-la-carte-Gerichte, alles nicht weiter aufregend auf den ersten Blick. Doch dann sind da der Hummer mit den Jakobsmuscheln oder die gebratene Taube, der Lachs in der Sauerampfersauce auf Spinat. Auch das Huhn in Essigsauce verrät, daß hier einer mehr könnte, wenn er nur wollte. Am interessante-

sten sind die Tagesspezialitäten, die auf einer kleinen
Extrakarte aufgeführt werden. Der *Pot au feu* am Sonntag ist ausgezeichnet, und eine *Brandade de Morue*, dieses klassische Bistroessen aus püriertem Stockfisch mit
Milch, Öl und Knoblauch, fand ich überaus erfreulich:
Perraudin reichert sie mit Lachs an und überbäckt sie mit
Kartoffelpüree. Leider sind solche Glanzstückchen die
Ausnahme. Der Père Claude, der übrigens noch ein recht
junger Vater ist, hat in der rue Montmartre noch ein zweites Lokal, um das er sich ebenfalls kümmert. Diese Zwei-
teilung macht sich natürlich bemerkbar. Deshalb reicht

*Le Père Claude hat
täglich geöffnet.*

es zu nicht mehr als einem Punkt. Dennoch ist Le Père Claude für die Besucher des nahen Invalidendoms, der UNESCO und des Marsfeldes eine bequeme Gelegenheit, den Hunger problemlos und schnell zu stillen. Vor allem aber ist dieses Bistro täglich, also auch sonntags, geöffnet, und das ist in Paris eine Seltenheit.

Am interessante-
sten sind die Tages-
spezialitäten.

PIERRE VEDEL

Küche	Ambiente
★ ★ ★ ★	★ ★ ★

19, rue Duranton

(15e)

Tel. 45.58.43.17

Métro: Boucicaut

Geschlossen:

Samstag und

Sonntag

14. bis 31. Juli,

22. Dezember

bis 1. Januar

Im Herzen des 15. Arrondissements, dort, wo die beiden Hauptstraßen, die rue Lourmel und die Avenue Felix-Faure sich kreuzen, in einer sehr normalen, pariserischen Umgebung also, liegt in einer kleinen Nebenstraße dieses Eckbistro. Auch von ihm läßt sich sagen: ein sehr normales, pariserisches Lokal. Rote Kunstlederbänke an den Wänden, darüber Spiegel und alte Fotos, schlichte Bretterstühle, weiße Tischdecken und, links am Eingang, die unvermeidliche Zinktheke. Die Kellner, proper in weißen Hemden und schwarzen Schürzen, sind aufmerksam;

Die Weinkarte entspricht Pierre Vedels Vorlieben.

der Patron, im weißen Küchendreß, sagt freundlich guten Tag und nimmt die Bestellungen meistens selbst auf. Die Karte ist mit der Hand geschrieben und verzeichnet eigentlich auch nur normale Bistrospezialitäten zu ganz normalen Preisen. Doch die Normalität endet, wenn der erste Gang aufgetragen wird. Alle Speisen erweisen sich als exakt ausgeführte und perfekt gewürzte Tellergerichte, an denen es nichts zu deuteln gibt. Im Pierre Vedel wird eine erfreuliche Professionalität demonstriert. Das verrät die würzige *Brandade de Morue* (Stockfischpüree) ebenso wie der wunderbar zarte und fleischige Kalbskopf; das in ein Wirsingblatt eingewickelte Haschee von Langusten ist schlicht bewundernswert. Auch ein *Ossobucco* gerät hier genau so, wie ein *Ossobucco* sein sollte, also nicht ausgekocht und nicht hart, dabei eindeutig südlich aromatisiert; die Kalbsnieren sind comme il faut. So geht das weiter bis zur unübertrefflichen *Crème*

Die Einrichtung zeigt witzige Details.

Normal im besten Sinne: das Bistro Pierre Vedel.

brûlée. Keine Extravaganzen, keine prätentiösen Kombinationen. Andererseits entsteht nie der Eindruck von Zaghaftigkeit oder gar Ängstlichkeit. Pierre Vedel ist ein Koch, der sich in der Welt umgesehen und der in erstklassigen Häusern am Herd gestanden hat. Es ist die schiere Weisheit, wenn er seine Küche innerhalb der Grenzen beläßt, die einem Kleinrestaurant angemessen sind. Das hat ihm einen über die Nachbarschaft hinausreichenden Ruhm verschafft; seine Gäste kommen aus allen Teilen der Stadt. Die Weinkarte entspricht seiner Einstellung zur Küche: klein, aber mit Vernunft zusammengestellt und weise kalkuliert.

Pierre Vedel: ein sehr normales, pariserisches Lokal.

REZEPTE AUS DEM
PIERRE VEDEL

Terrine chaude de poivrons rouges

Heiße Paprikaterrine

FÜR 6 PERSONEN

**400 g rote Paprika-
schoten**

250 g Mangold

6 Eier

4 EL Crème fraîche

Kerbelbutter

Die Paprikaschoten entstielen, in eine ofenfeste Form geben und für 20 Minuten bei 200 °C im Ofen erhitzen, damit sich die Haut ablöst. Aus dem Ofen nehmen und die Haut abziehen.

Den Mangold putzen, die dicken Stiele dabei entfernen. 15 Minuten in kochendem Salzwasser blanchieren. Abgießen und abtropfen lassen, dann zusammen mit den Paprikaschoten im Mixer pürieren. In ein Sieb geben und nochmals abtropfen lassen, bis möglichst viel Wasser entfernt ist.

Die Crème fraîche mit den Eiern in einer Schüssel mit dem Schneebesen schaumig schlagen. Mit dem Holzkochlöffel die Paprika-Mangold-Mischung unterrühren, salzen und pfeffern.

Eine Terrinenform gut einfetten und die Masse hineingeben. Bei 200 °C 25 Minuten im Wasserbad garen. Aus dem Ofen nehmen und 20 Minuten ruhen lassen. Die Terrine auf einen großen Teller stürzen und mit Kerbelbutter servieren.

Weinempfehlung: Clairette de Die, Quincy oder Pinot d'Alsace.

Bourride de lotte à l'ailloli

Fischsuppe mit Seeteufel und Knoblauchsauce

1,5 kg Seeteufel

(Schwanzstücke)

4 Lauchstangen

3 Mangoldblätter

2 Zwiebeln

4 Karotten

2 EL Erdnußöl

6 Knoblauchzehen

3 Eigelbe

2 Gläser trockener

Weißwein

30 cl kaltgepreßtes

Olivenöl

Den Fisch putzen und in Stücke schneiden.

Den Lauch waschen und in feine Streifen schneiden. Die Karotten putzen und in kleine Würfel schneiden. Die Zwiebeln schälen und sehr fein hacken. Das Grüne von den Mangoldblättern in sehr feine Streifen schneiden. Die Knoblauchzehen schälen und für die Ailloli zerstampfen. In einem großen Topf 2 EL Erdnußöl erhitzen, das Gemüse hineingeben und anschwitzen: zuerst die Zwiebeln, dann den Lauch, die Karotten und den Mangold (3 Minuten).

Die Seeteufelstücke dazugeben. Die Garflüssigkeit etwas reduzieren, dann 40 cl Weißwein hinzufügen und aufkochen. Mit Wasser aufgießen, bis der Fisch ganz bedeckt ist und 15 Minuten kochen lassen. Die Seeteufelstücke herausnehmen und in eine große vorgewärmte Suppenterrine geben. Das Gemüse noch weitere 10 Minuten kochen.

Die 3 Eigelbe mit den zerdrückten Knoblauchzehen vermischen.

Langsam das Olivenöl dazurühren und zur Mayonnaise aufschlagen. Salzen und pfeffern.

Die Ailloli mit dem Gemüsesud auf kleiner Flamme vorsichtig vermischen (4 Minuten), dann in die Suppenterrine zum Fisch geben. Sofort servieren.

Weinempfehlung: weißer Rheinwein, Picpoul (Languedoc) oder Sancerre.

Soupe de pêche à la menthe

Pfirsichsuppe mit Pfefferminze

12 gelbe Pfirsiche

200 g Zucker

15 frische Pfeffer-

minzblätter

40 cl trockener

Weißwein

1 Zitrone

einige Pfefferminz-

blätter zum

Garnieren

Die Zitrone auspressen. Wasser und Zitronensaft aufkochen und die Pfirsiche darin 4 Minuten pochieren. Herausnehmen, abkühlen lassen und schälen, halbieren
und die Kerne entfernen.

12 halbe Pfirsiche mit dem Zucker und den Pfefferminzblättern im Mixer fein pürieren. In eine große Schüssel
geben und den Weißwein hinzufügen. Die restlichen
Pfirsichhälften jeweils in 3 halbmondförmige Scheiben
schneiden, in die Pfirsichsuppe geben und darin 4 Stunden im Kühlschrank ziehen lassen.

Mit Pfefferminzblättern garnieren.

Als Getränk Champagner reichen.

CHEZ GÉRAUD

Küche	Ambiente
★★★★	★★

31, rue Vital (16e)

Tel. 45.20.33.00

Métro: Muette

Geschlossen:

Samstag

und Sonntag,

20. Juli

bis 20. August

An der Wand des Chez Géraud: die Nachbildung eines Lithos des Malers Steinlen: La Rue, von 1896.

Hübsch ist die Speisekarte, dekoriert auf Blumenkacheln.

Bistros kommen nicht auf die Welt und sehen gleich aus wie Antiquitäten. All die schön abgewetzten und aufpolierten Museumsstücke waren einmal nagelneu und ohne charmante Zeitspuren. Daran ist zu denken, wenn man das Chez Géraud betritt. Monsieur Géraud hatte früher eine Weinbar. Jetzt hat er sich seinen Traum erfüllt, ein eigenes Bistro. Es ist neu, die Platzverhältnisse sind großzügiger als woanders, und der technische Fortschritt steht zur Verfügung: zwei klimatisierte Weinschränke und ein Humidor für feine Zigarren. An der Hauptwand des Raumes ist aus bemalten Kacheln ein prominentes Litho des Malers Steinlen nachgebildet: La Rue, von 1896. Blumenkacheln wie im Pharamond sind außen an der Fassade angebracht. Alles zusammen erweckt den Eindruck, daß Chez Géraud eher ein Restaurant sein müsse als ein Bistro. Doch solche Bedenken schwinden sofort, wenn man die Speisekarte in die Hand nimmt. Da ist der Salat mit Kalbsbacken *(Joué de veau)* oder mit Hühnerlebermus, da sind die eingemachten Entenmägen und der *Pot au feu*. Allerdings sind auch der teure Steinbutt zu haben, warme Austern im Gemüsesud und gebratene

Foie gras mit Feigen. Also doch der Ehrgeiz, mehr zu bieten, als es in Bistros üblich ist. Und das Resultat gibt dem Patron recht! Hier wird geradezu meisterhaft gekocht! Sogar der warme *Sabodet* in Beaujolais, eine gewöhnlich sehr rustikale Angelegenheit (es handelt sich um eine dicke, in Scheiben geschnittene Wurst, welche mit Stükken vom Schweinskopf gefüllt ist), sogar diese Deftigkeit

schmeckt bei Géraud hervorragend! Die Scheiben vom Kalbskopf waren zart und saftig, die Geflügelleber aromatisch, und ein Kaninchenrücken mit Wirsing und Knoblauch hatte das Zeug zur Sternküche. Darüber hinaus gab es, nicht auf der Karte verzeichnet, aber vom Kellner empfohlen, einen mit *Foie gras* gefüllten, entbeinten Hasen *(Lièvre Royal)*, wie ich ihn besser noch nie gegessen habe. Kein Wunder, daß auch die Käseplatte überdurch-

schnittlich und die Gebrannte Crème vorzüglich waren. Hinzu kommt die Leidenschaft des Patrons für den Wein. Sein weißer Macon ist ein ausgezeichneter Chardonnay, seine Beaujolais sind von kleinen Produzenten und haben wenig Ähnlichkeit mit dem Massenprodukt gleichen Namens. Kurz und gut, dieses neue Bistro dürfte eine große Zukunft vor sich haben. Dem Esser beschert es schon jetzt unerwartete Genüsse.

Fast schon ein Restaurant: das Bistro des Chez Géraud.

Sogar Deftiges schmeckt bei Géraud hervorragend.

REZEPTE AUS DEM
CHEZ GÉRAUD

Dos de saumon rôti à la fleur de thym
Gebratener Lachs mit Thymianblüten

FÜR 8 PERSONEN
2–3 kg Lachs
frischer blühender
Thymian
Salz, Olivenöl

Den Lachs schuppen, ausnehmen und waschen. Den Lachs in Filets zu je ca. 200 g pro Gast schneiden. Die Haut der Filets jeweils zweimal einschneiden, salzen und mit Thymianblüten bestreuen.

In einer Pfanne mit Antihaftbeschichtung in etwas Olivenöl braten, dabei zuerst die Hautseite braten.

Als Beilage eignen sich Waldpilze.

Terrine de lapereau
Hasenterrine

500 g Hasenfleisch
(ohne Knochen)
250 g Schweine-
rücken
250 g Schweinehals
4 Eier

Das Fleisch für 24 Stunden in eine Marinade aus Portwein, Weißwein, Cognac, Lorbeerblatt und Thymian legen.

Das Fleisch hacken, mit Eiern, Salz, Pfeffer und der Marinadenflüssigkeit gut vermischen. In eine Terrinenform füllen und bei 200 °C 90 Minuten im Ofen garen. Die fertige Terrine 24 Stunden ruhen lassen.

20 g Salz, 5 g Pfeffer
5 cl Portwein
2 cl Cognac
2 cl Weißwein
1 Thymianzweig
1 Lorbeerblatt

Tarte au citron

Zitronenkuchen

9 Eier

375 g Zucker

300 g Crème double

4 Zitronen

250 g Sandteig

Eine Kuchenform mit dem Sandteig auslegen und bei 180 °C vorbacken, so daß der Teig noch weiß ist. Die Eier mit dem Zucker gut verrühren, den Saft von 4 Zitronen, die abgeriebene Schale von 1 Zitrone und die Crème double unterrühren. Auf dem vorgebackenen Teigboden verteilen, in den Ofen schieben und bei 150 °C 40 Minuten backen.

CHEZ FRED

Küche	Ambiente
★ ★	★ ★

190 bis, bd Péreire

(17e)

Tel. 45.74.20.48

Métro: Porte Maillot

Geschlossen:

Samstag mittag

und Sonntag,

10. bis 20. August

An der Decke hängen die vergesse- nen Regenschirme.

Wenn der Patron eine Bestellung aufnimmt, sagt er »Jawoll!« und fragt: »Alles unter Kontrolle?« Monsieur Marc hat sein Deutsch in Garmisch gelernt und freut sich, es bei seinen deutschen Gästen anbringen zu können. Die erwartet hier ein Bistro wie aus der Operette. Es ist bunt, es ist laut und fröhlich, es ist alt und verkitscht, und alle Mitwirkenden zeigen eine unverwüstlich gute Laune. Tatsächlich haben die Gäste Grund zu lachen. Denn die Preise sind niedrig, die Portionen riesig, und abends spielt dann und wann jemand ein bißchen Klavier. Kein Wunder, daß viele ihren Regenschirm vergaßen; diese hängen nun gesammelt unter der Decke, neben verwaisten Hüten und einer kleinen Krawattensammlung, die weniger von der Vergeßlichkeit als vom Übermut der Gäste zeugt. Die Speisekarte ist relativ kurz und könnte

nicht typischer für ein *Bistro de quartier* sein. Da ist
der unvermeidliche Kalbskopf mit Kapernsauce, da sind
die eingemachten Entenmägen im Salat, die Heringsfilets
mit Kartoffeln; es gibt Ochsenmaulsalat, *Andouillette*
und natürlich ein *Piece de bœuf* wie

Le pavé de rumsteak, Le faux filet
oder *Le filet grillé*; auch eine Tagesspezialität wird angeboten. Mag das
alles auch ziemlich wüst auf die Teller
gehäuft werden, so sitzt man doch ganz
zufrieden unter den bunten Bildern,
den absurden Blattpflanzen, den Urkunden und Wandspiegeln. Denn die

Saucen sind leicht und meistens naturbelassen, das
Fleisch ist von guter Qualität, die Garzeiten stimmen –
mehr oder weniger. Nur den Torten merkt man an, daß
die Erfindung der Mikrowelle auch bis zum Boulevard
Péreire vorgedrungen ist, und ganze Eßkastanien aus der
Dose als Dessert auszugeben, bloß weil eine säuerliche
Sahne dazugelöffelt wird, scheint mir etwas kühn. Auf
der kleinen Weinkarte erwies sich ein 1988er Sancerre als
über dem Durchschnitt liegend.

*Chez Fred –
ein Bistro wie aus
der Operette.*

*Die Speisekarte
ist kurz und könnte
nicht typischer
für ein Bistro de
quartier sein.*

Chez Fred – eine Küche, die sich durchaus sehen lassen kann.

Die besondere Liebe des Patron gehört den Weinen; die Beaujolais sind hervorragend.

REZEPTE AUS DEM CHEZ FRED

Gratin

Kartoffelgratin

FÜR 4 PERSONEN

1 Knoblauchzehe

1 kg Kartoffeln

Salz, Pfeffer

gemahlene

Muskatnuß

5 Eier

2 EL Crème fraîche

½ l Milch

geriebener Gruyère

Eine Auflaufform mit der geschälten Knoblauchzehe einreiben. Die Kartoffeln schälen und in gleichmäßige 3 bis 4 mm dicke Scheiben schneiden. In die Auflaufform schichten und mit Salz, Pfeffer und Muskatnuß würzen. In einer Schüssel die Eier mit der Crème fraîche, der Milch und einer Prise Salz mit dem Schneebesen gut verrühren. Die Mischung über die Kartoffeln geben. Geriebenen Gruyère darüberstreuen und 50 bis 60 Minuten bei 170 °C (Gasherd Stufe 5) überbacken. Die Kartoffeln mit einem Messer anstechen, um zu prüfen, ob sie gar sind.

Beurre échalotte

Schalottenbutter

250 g Butter

80 bis 100 g

Schalotten

1 Glas Rotwein

Salz, Pfeffer

Die Schalotten sehr fein hacken, mit dem Rotwein in einen Topf geben, salzen und pfeffern und bei geringer Hitze so lange reduzieren, bis der Rotwein vollständig verkocht ist. Abkühlen lassen. Dann mit der Butter, die sehr weich sein muß (dafür lange vorher aus dem Kühlschrank nehmen!), vermischen. Wenn die Butter gut durchgerührt ist, in ein Schälchen geben und im Kühlschrank aufbewahren.

Diese Butter getrennt zu Rind-, Pferde- oder Hammelfleisch reichen.

CHEZ LÉON

Küche	Ambiente
★ ★	★ ★ ★

32, rue Legendre

(17e)

Tel. 42.27.06.82

Métro: Rome

oder La Fourche

Geschlossen:

Samstag,

Sonntag

und Feiertage,

während der

Ferien im Februar,

August

Die rue Legendre ist lang. An ihrem nordöstlichen Ende führt sie nahe am Cimetière de Montmartre vorbei. Wer diesen schönen Friedhof besucht (Heine liegt dort), hat es nicht sehr weit. Aber auch das andere, das südwestliche Ende der Straße, beginnt an einem attraktiven Teil der Stadt: am Park Monceau mit seinem vergoldeten Gitter, hinter dem altmodische Bäume und Büsche die Belle Époque beschwören und die Natur sich so schwülstig zeigt, wie sie dem Proust-Leser schon immer erschien. Die zwei Kilometer dazwischen sind so pariserisch, wie heute eine Straße nur sein kann: zu eng für den Autoverkehr, zu laut, nervtötend, bunt und kulinarisch. Vor allem an der Kreuzung rue de Levis geht es mundwässernd zu. Ein Straßenmarkt und unzählige Kneipen prägen hier den Charakter der Straße. Hundert Meter weiter, in der rue de Tocqueville, wimmelt es geradezu von Metzgern, Feinkosthändlern, Weinstuben und Traiteuren. Wer hier vorbeischlendert und nicht augenblicklich hungrig wird, dem ist nicht zu helfen.

Seit dreißig Jahren im Familienbesitz: Chez Léon.

Chez Léon ist seit dreißig Jahren im Familienbesitz. Seither ist es renoviert worden, jedoch so vorsichtig, daß die typischen Details noch vorhanden oder zu erkennen sind: die roten Polster der Stühle, die Theke mit dem Zinkbelag am Eingang, die Schnapsflaschen dahinter, der Windfang an der Tür mit den ziselierten Scheiben und natürlich die handgeschriebene Speisekarte mit den traditionellen Gerichten der Bistroküche. Die warme Lyoner Kochwurst mit den Kartoffeln in einer zarten Vinaigrette, die leicht angeräucherten Heringsfilets, welche hier in

Trotz Renovierung sind typische Details noch vorhanden.

einer kiloschweren irdenen Terrine an den Tisch gebracht werden und geradezu eine Delikatesse sind, der Kalbskopf, zwar in großen Stücken serviert, aber sehr zart und gut gewürzt, dazu *sauce gribiche* mit extrakleinen Kapern (daran erkennt man den qualitätsbewußten Koch), der *Gigot* (Lammkeule) mit weißen Bohnen, deren schönes Aroma und dünne Schalen wiederum von der speziellen Sorgfalt zeugen, die hier den Einzelheiten gewidmet wird. Wären nicht die Schokoladensauce und das Vanilleeis zur Birne Hélène konfektioniert gewesen, würde ich nicht zögern, Chez Léon für die Küche drei Punkte zu geben, auch wenn das Weinangebot recht bescheiden ist. Im vorderen, kleineren Raum sitzt man besser als hinten, wo jedoch große Fenster für ein angenehmes Licht sorgen.

Die authentische Einrichtung sorgt für stilechte Atmosphäre.

Angenehmes Licht durch große Fenster: Im Chez Léon sitzt man gemütlich.

REZEPTE AUS DEM CHEZ LÉON

L'Escalope de saumon à l'oseille sur un lit d'épinards

Lachsschnitzel mit Sauerampfer auf Spinat

FÜR 4 PERSONEN

800 g Lachs

je ½ rote und grüne

Paprikaschote

500 g junge

Spinatblätter

200 g Sauerampfer

1 Gurke

1 Karotte

etwas Schnittlauch

Butter

Salz, Pfeffer

Nach Möglichkeit schottischen Lachs kaufen; die Haut soll schön glänzen, das Fleisch fest sein.

Den Lachs filetieren und in kleine Stücke schneiden. In einer Pfanne Butter zerlassen und die Lachsstücke darin auf jeder Seite 3 bis 4 Minuten goldbraun braten, salzen und pfeffern.

In einem anderen Topf eine Beurre blanc zubereiten und den kleingeschnittenen Sauerampfer hinzufügen.

Den Lachs auf einem Spinatbett anrichten, die klein-geschnittenen und gedünsteten Paprikaschoten dazugeben. Die Beurre blanc um den Lachs verteilen. Die Karotte und die Gurke mit dem Buntmesser zurechtschneiden und den Lachs damit dekorieren. Mit Schnittlauchröll-chen bestreuen.

Escargots de Bourgogne

Schnecken in Kräuterbutter

FÜR 5 DUTZEND

500 g Butter

18 g Salz

5 g Pfeffer

50 g Petersilie,

gehackt

Die Butter weich werden lassen, mit Salz und Pfeffer würzen, Petersilie, Knoblauchzehen und Schalotten dazugeben und mit dem Handmixer gut verrühren. Die Schnecken in die Gehäuse geben und jeweils mit ungefähr 10 g Butter füllen. Im heißen Ofen garen.

30 g Knoblauch-

zehen, gehackt

15 g Schalotten,

gehackt

Lachsschnitzel mit Sauerampfer auf Spinat.

Île flottante aux pralinés

Schwimmende Insel mit gebrannten Mandeln

**FÜR 8 BIS 10
PERSONEN**

30 Eiweiße

1,5 kg Zucker

1 Msp Salz

*gebrannte rosa
Mandeln,
zerstoßen*

Aus 500 g Zucker einen Karamel zubereiten und eine sehr hohe Form damit auskleiden.

Die Eiweiße mit einer Prise Salz steif schlagen. Wenn der Eischnee ganz fest ist, den Zucker dazugeben und mit dem Handmixer bei niedriger Geschwindigkeit gut verrühren. Die Form damit füllen, die Eischneemasse glatt streichen, mit eingefettetem Pergamentpapier abdecken und in den heißen Ofen stellen. Im heißen Wasserbad ungefähr 25 Minuten backen.

Aus den Eigelben eine Sauce anglaise mit Vanille zubereiten.

Mit den gehackten rosa Mandeln bestreuen und kühl servieren.

CHEZ GORISSE

Küche	Ambiente
★ ★	★ ★

83, rue Legendre

(17e)

Tel. 46.27.43.05

Métro: Rome

oder La Fourche

Geschlossen:

Sonntag und

Montag mittag

Im Chez Gorisse stimmen die Preise und die Qualität.

Nur hundert Schritte östlich vom Chez Léon, an der Ecke rue Nollet, befindet sich dieses relativ neue Bistro. Hervorzuheben ist hier vor allem das erfreuliche Preis-Leistungs-Verhältnis sowie die nicht minder erfreuliche Tatsache, daß die Küche den Ehrgeiz hat, das klassische Repertoire der Hausmannskost um moderne Varianten zu bereichern. Also gibt es die Makrele nicht nur mariniert als kalte Vorspeise wie in allen Bistros, sondern auch am Spieß gebraten mit Nudeln. Das ist originell und schmeckt vorzüglich. Nicht weniger gelungen fand ich ein leicht angeräuchertes Stück Kabeljau auf einem sehr feinen Sauerkraut. Ein in Blätterteig eingebackenes Stück

Perlhuhn gehört ebenfalls nicht gerade zur Alltagskost. Ähnliche Bemühungen sind bei den Vorspeisen zu registrieren, aber auch und vor allem die Desserts sind hervorragend: wunderbar die *Feuillantine de chocolat à la mousse amère* (bittere Schokoladenmousse mit Minzsauce). Also eindeutig überdurchschnittliche Leistungen für ein bescheidenes Bistro! Wenn ich Chez Gorisse dennoch nur mit zwei Punkten bewerte, dann weil der schöne Eindruck bei meinem letzten Besuch durch einige Vorspeisen zuschanden gemacht wurde. Pochierte Lauchstangen ohne Salz und Pfeffer und eine ebenso fade Hollandaise sowie in Brioche eingebackene Markstückchen ohne jegliches Aroma waren unbefriedigend, auch mit dem Salat hatte ich kein Glück.

Doch insgesamt bemüht sich die Küche so deutlich, daß ich die schwachen Vorspeisen auf ein (hoffentlich) einmaliges Versagen zurückführe und spätere Besucher meine Bewertung als zu niedrig empfinden mögen.

Die beiden Räume sind hell, brav und ohne Charme ausgestattet; aber sauber geht es zu, das ist nicht zu übersehen. Auch die in den Weingläsern steckenden, kunstvoll gefalteten Servietten annoncieren dem Ankömmling, daß man im Chez Gorisse unter Gastronomie mehr versteht als die übliche, legere Abfütterung. Um so erstaunlicher der bisher nicht erwähnte Einheitspreis: Das Menü aus drei Gängen (es stehen zwölf Vor- und elf Hauptgerichte zur Auswahl) kostet nur 120 Francs!

Hell und brav: die Einrichtung des Chez Gorisse.

REZEPTE AUS DEM CHEZ GORISSE

Sardines en papillotes

Sardinen in Aluminiumfolie

FÜR 4 PERSONEN

12 Sardinen

1 Schalotte

1 Knoblauchzehe

400 g Tomaten

1 Zitrone

2 EL Olivenöl

1 TL Kräuter der Provence

1 Prise Salz

Pfeffer, grobes Salz

Thymian

Lorbeer

1 Prise Zucker

Die Sardinen schuppen, ausnehmen und waschen. Die Schalotte hacken, die Knoblauchzehe zerdrücken. Die Tomaten schälen und kleinschneiden. Die Zitrone schälen und in 4 Scheiben schneiden. Den Ofen auf 220 – 240 °C vorheizen.

TOMATENKONKASSEE

Die Schalotte in einem Topf in Olivenöl anschwitzen, die gehäuteten Tomaten dazugeben, salzen und pfeffern. Thymian und Lorbeer dazugeben und 8 bis 10 Minuten leise köcheln lassen.

PAPIERHÜLLEN

Auf dem Tisch 4 Blätter Aluminiumfolie ausbreiten.
Auf jedes Blatt etwas Tomatenkonkassee und darauf
3 Sardinen geben. Mit grobem Salz würzen, eine Zitro-
nenscheibe darauflegen und mit der provenzalischen
Kräutermischung bestreuen. Die Folie wie ein Croissant
zusammenfalten und hermetisch verschließen. 4 bis 5
Minuten im Ofen garen.

ANRICHTEN

Auf heißen Tellern anrichten; die Gäste sollen die Folie
selbst öffnen. (Bei dieser Zubereitungsart entweicht
während des Garens kein Fischgeruch.)

Petit salé de canette aux lentilles

Kleine gepökelte Ente mit Linsen

1 kleine Ente,	**ZUBEREITUNG 24 STUNDEN VORHER**	*80 g Räucherspeck*
vom Metzger	Die Entenviertel über einer offenen Flamme absengen,	*2 Gewürznelken*
vierteln lassen	um die kleinen Haare auf der Haut zu entfernen. Mit	*3 schöne Sellerie-*
100 g grobes Salz	einem Messer abschaben.	*stangen*
1 Knoblauchzehe,	Jedes Entenstück mit Knoblauch und grobem Salz ein-	*8 Pfefferkörner*
zerdrückt	reiben. Einen Thymianzweig und ein Lorbeerblatt zer-	*200 g Puy-Linsen,*
3 Thymianzweige	kleinern und auf die Entenstücke geben.	*getrocknet*
3 Lorbeerblätter	In eine tiefe Schüssel legen und für 24 Stunden in den	*1 Stück Butter*
2 kleine	Kühlschrank stellen.	
Lauchstangen	**ZUBEREITUNG DER LINSEN 4 BIS 6 STUNDEN**	
2 Zwiebeln	**VORHER**	
2 Karotten	Die Linsen gut waschen und 4 bis 6 Stunden in kaltem	
	Wasser einweichen.	

ZUBEREITUNG AM SELBEN TAG

Die Karotten schälen und waschen. Die Zwiebeln schälen. Eine Karotte und eine Zwiebel in 1 cm kleine Würfel schneiden. Die andere Zwiebel mit den Gewürznelken spicken.

Den Lauch und die Selleriestangen waschen, ebenso die Petersilie. Zusammen mit den beiden Thymianzweigen und den 2 Lorbeerblättern zu 2 Bouquets garni binden. Den Räucherspeck in 1 cm kleine Würfel schneiden und blanchieren.

ZUBEREITUNG DER ENTE (30 BIS 40 MINUTEN)

Die Entenstücke in einen Topf geben, kaltes Wasser hinzufügen; zuvor das Salz und die Gewürze abwaschen. Die Karotte, 1 Bouquet garni und die Pfefferkörner dazugeben und kochen. Erst nach der Hälfte der Garzeit nach Belieben salzen. Auf niedriger Flamme weiterkochen, zwischendurch öfter abschäumen.

ZUBEREITUNG DER LINSEN (15 BIS 20 MINUTEN)

Das Mirepoix aus Karotte und Zwiebeln mit den Speckwürfeln in der Butter anschwitzen, ohne daß sie Farbe annehmen. Die Linsen dazugeben, mit Wasser bis 3 cm über die Linsen auffüllen. Das zweite Bouquet garni und die mit Nelken gespickte Zwiebel dazugeben und kochen.

ANRICHTEN

Die Entenstücke auf einem Linsenbett anrichten.

LE PETIT COLOMBIER

Küche	Ambiente
★ ★ ★ ★	★ ★ ★ ★

42, rue des Acacias

(17e)

Tel. 43.80.28.54

Métro:

Argentine oder

Charles de Gaulle

Geschlossen:

Samstag,

Sonntag mittag

und Feiertage,

1. bis 20. August

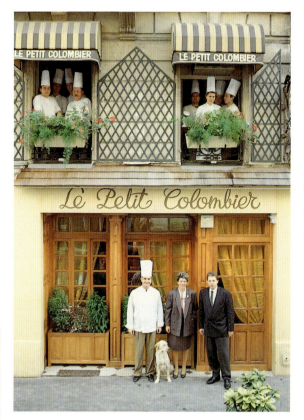

Le Petit Colombier:
ein Bistro der
besseren Sorte.

*Im Petit Colombier
verkehren zahlreiche
Stammgäste.*

Monsieur Bernard Fournier war ein wenig erstaunt. Aber selbstverständlich sei sein Restaurant ein Bistro, versicherte er nachdrücklich, sogar ein sehr typisches! Gewiß – nur sollte man hinzufügen: eines von der besseren Sorte. Das bezieht sich sowohl auf die Küche als auch auf die Ausstattung des kleinen Eßraums. Übrigens auch auf die Preise. Denn die deutlich höhere Qualität, die hier geboten wird, hat nun einmal ihren (berechtigten) Preis. Die Lage – nur wenige hundert Meter hinter dem Étoile bei der Avenue Carnot – ist günstig, und das Renommee des kleinen Bistros ist groß, so daß es an Gästen nicht mangelt. Die meisten sind Stammgäste, die immer wie-

der kommen, weil sie hier nicht nur eine überdurchschnittlich gute Küche finden, sondern auch besonders
aufmerksam umsorgt werden. Monsieur Fournier ist Prä-
sident der Pariser Wirtevereinigung, und als solcher lei-
stet er sich einen Restaurantdirektor und einen Somme-
lier. (Deshalb war meine Frage nicht ganz unberechtigt.)
Trotzdem ist im Petit Colombier nichts von der prätentiösen Feierlichkeit etablierter Gourmet-Lokale zu spüren,
hier herrscht eine gepflegte Gemütlichkeit, in der man
sich einfach wohl fühlt. Abgesehen von einer Sitzgruppe

am Eingang hat die Einrichtung
alle Merkmale des Bistrostils:
rote Polsterbänke, verspiegelte
Wände, grüne Blattpflanzen, de-
korative Kupfertöpfe und einen
gefliesten Fußboden. Von nor-
mannischer Tradition zeugen
die dunklen Fachwerkimitatio-
nen; die Sprossenfenster erin-
nern ans Bukolisch-Ländliche.
Vielleicht ist hier alles eine Spur
ordentlicher, vielleicht auch nur
professioneller als anderswo.

Absolut ungewöhnlich für ein Bistro ist jedoch die Weinkarte. Sie läßt die Leidenschaft des Patrons für den Wein
erkennen, und manches Renommierlokal könnte sich
wünschen, eine ebenso immense und kluge Auswahl zu
besitzen. Zusätzlich zu den verführerischen Namen werden die Traubensorten der jeweiligen Weine genannt,

Rote Polsterbänke,
verspiegelte Wände
und grüne Blatt-
pflanzen sorgen für
eine typische
Bistroatmosphäre.

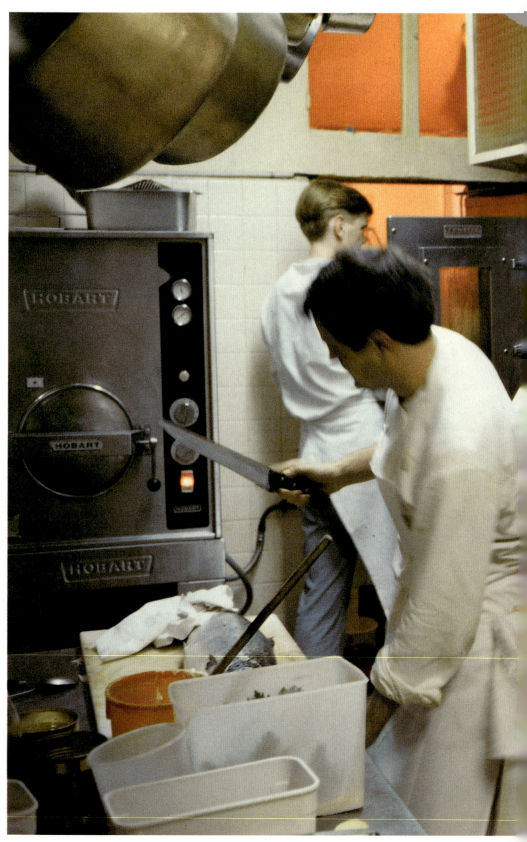

Le Petit Colombier: ein Bistro mit überdurchschnittlich guter Küche.

Die Gäste werden besonders aufmerksam umsorgt.

auch die Bodenbeschaffenheit ihrer Standorte wird beschrieben. Bei einem derartigen Perfektionismus ist es kaum verwunderlich, daß auch die Küche sich nicht mit dem Üblichen zufriedengibt. Zwar sind die vertrauten Bistrostandards alle vorhanden: die Sardinen mit warmen Kartoffeln, die Schnecken, die eingemachten Entenkeulen usw. Doch bei jedem Gericht, das die Küche verläßt, ist eine hohe Qualität nicht zu übersehen, die Zubereitungen sind eine Reverenz vor der Grande Cuisine. Bewundernswert die entbeinte, gefüllte und in der Salzkruste gegarte Taube in ihrer tiefdunklen Trüffelsauce. Das luftig-leichte Himbeersoufflé könnte nicht vollkommener sein. Jeder Wochentag hat seine Fleischspezialität, die vor dem Gast vom großen Stück heruntergeschnitten wird, und im Winter machen Wildspezialitäten das Petit Colombier zu einem Treffpunkt der Gourmets, die die Freuden der Großen Küche in einem kleinen Bistro genießen.

REZEPTE AUS DEM
LE PETIT COLOMBIER

Col vert rôti aux figues

Gebratene Wildente mit Feigen

FÜR 4 PERSONEN
2 Wildenten
24 Feigen
Entenfond
(Fertigprodukt oder
selbst zubereitet aus
500 g Entenklein,
Zwiebeln, Karotten,
Lauch,
Bouquet garni)
50 g Butter
Salz, Pfeffer
50 g Zucker
1 Glas Weinessig
1 EL Erdnußöl

Vom Geflügelhändler zwei schöne Wildenten vorbereiten lassen. Innen und außen mit Salz und Pfeffer würzen. In der Bratpfanne jeweils 5 Minuten auf der rechten und auf der linken Seite anbraten, dann 12 Minuten auf dem Rücken liegend fertig braten. Das Fleisch wird dadurch gerade rosa. Die Wildenten warm stellen.

Das Fett von der Bratpfanne abschöpfen. Essig, Zucker und 8 kleingeschnittene Feigen in die Bratpfanne geben und bei starker Hitze einkochen. Den Entenfond dazugeben und um die Hälfte reduzieren lassen.

Die Masse durch ein Sieb streichen oder im Mixer pürieren, bis die Feigenstücke vollständig zerdrückt sind.

Die restlichen 16 Feigen im Ofen backen. Dafür die Haut etwas einritzen und Butterflöckchen daraufsetzen. Garzeit 5 Minuten (Gasherd Stufe 6).

Die gebratenen Feigen um die Wildenten herum anrichten. Mit der Sauce überziehen.

Noisette de chevreuil aux baies roses
Rehnüßchen mit rosa Pfeffer

FÜR 4 PERSONEN

12 Rehnüßchen

etwas Zitronensaft

½ Glas trockener

Weißwein

½ EL Olivenöl

Salz, Pfeffer

1 EL Cognac

250 g Crème double

2 EL rosa Pfeffer

Aus einem Rehrücken 12 Rehnüßchen herausschneiden, von Haut und Sehnen befreien und in einer Marinade aus Zitronensaft, Weißwein und Olivenöl 1 Stunde ziehen lassen. Abtropfen lassen, trockentupfen, salzen und pfeffern und in einem Schmortopf in sehr heißem Öl braten, bis das Fleisch zart und rosa ist. Das Fleisch herausnehmen und warm stellen.

Das Fett aus dem Schmortopf abschöpfen, den Weißwein von der Marinade hineingießen und auf die Hälfte reduzieren. Mit Cognac ablöschen, die Crème double und den rosa Pfeffer dazugeben und nochmals auf die Hälfte reduzieren. Abschmecken.

Die Rehnüßchen mit der Sauce übergießen und sofort servieren.

Als Beilage empfehlen wir: geschmorte Eßkastanien, ¼ Apfel, in Butter gedünstet, und Topinamburpüree mit Muskatnuß.

Rehnüßchen mit rosa Pfeffer.

Poires confites au cassis en chaud froid

Heiß-kalte Birnen mit schwarzen Johannisbeeren

FÜR 4 PERSONEN

4 mittelgroße
Williamsbirnen

250 g schwarze
Johannisbeeren

8 Kugeln Vanilleeis

frische Minze

Cassis (Likör von
schwarzen
Johannisbeeren)

80 g Zucker

Die schwarzen Johannisbeeren mit dem Zucker und einem Glas Wasser kochen. Im Mixer pürieren, dann das Mark durch ein feines Sieb streichen.

Die Birnen schälen, halbieren, Kerne und Kerngehäuse entfernen.

Das Johannisbeermark mit etwas Cassis aromatisieren, dann die Birnenhälften darin kochen.

Auf jedem Teller 2 Birnenhälften fächerförmig auf der unteren Tellerhälfte anrichten und mit Johannisbeermark überziehen. Auf die obere Tellerhälfte je 2 Kugeln Vanilleeis geben und mit Pfefferminzblättchen garnieren.